مركز القانون العربي والإسلامي
Centre de droit arabe et musulman
Zentrum für arabisches und islamisches Recht
Centro di diritto arabo e musulmano
Centre of Arab and Islamic Law

MATRIMONI
MISTI CON MUSULMANI
Caso della Svizzera
(con modello di contratto in sei lingue)

Sami A. Aldeeb Abu-Sahlieh

Traduzione
Francesca Cansani

Questo libro può essere acquistato presso
www.amazon.com
Seconda edizione, 2012

Il Centro di diritto arabo e musulmano
Fondato nel maggio 2009, il Centro di diritto arabo e musulmano offre delle consultazioni giuridiche, delle conferenze, delle traduzioni, delle ricerche e dei corsi sul diritto arabo e musulmano e le relazioni tra musulmani e occidentali. Permette, inoltre, di scaricare gratuitamente dal sito www.sami-aldeeb.com un buon numero di scritti.

L'autore
Sami A. Aldeeb Abu-Sahlieh: Cristiano di origine palestinese. Cittadino svizzero. Dottore in legge. Abilitato a dirigere ricerche (HDR). Professore delle università (CNU-Francia). Responsabile del diritto arabo e musulmano all'Istituto svizzero di diritto comparato (1980-2009). Visiting professor in varie università in Francia, Italia e Svizzera. Direttore del Centro di diritto arabo e musulmano. Autore di tanti libri e di una traduzione francese, italiana e inglese del Corano.

Edizioni
Centre de droit arabe et musulman
Ochettaz 17
Ch-1025 St-Sulpice
Tel. fisso: 0041 [0]21 6916585
Tel. portabile: 0041 [0]78 9246196
Sito: www.sami-aldeeb.com
Email: sami.aldeeb@yahoo.fr
© Ogni diritto riservato 2012

Tavola delle materie

Tavola delle materie 3

Introduzione...5

Capitolo 1. Contratto di matrimonio: mettetevi d'accordo per scritto! 7

Capitolo 2. Importanza della religione nei paesi musulmani 8

    1) Differenze in base all'appartenenza religiosa...8

    2) Libertà religiosa 9

    A) Libertà di diventare musulmani...10

    B) Divieto di lasciare l'Islam 10

    3) Limiti religiosi in materia matrimoniale 12

    A) Matrimonio di un musulmano con una non-musulmana..........................12

    B) Matrimonio di un non-musulmano con una musulmana 13

    C) Matrimonio temporaneo o di godimento...15

Capitolo 3. Relazioni fra maschi e femmine 15

    1) Autorità del maschio sulla femmina 15

    2) Contatti fra maschi e femmine: norme d'abbigliamento 16

    3) Lavoro della donna...17

Capitolo 4. Celebrazione del matrimonio..18

    1) Celebrazione in Svizzera..18

    2) Celebrazione in paese musulmano 19

    3) Poligamia 19

Capitolo 5. Regime matrimoniale in materia finanziaria.....................................20

Capitolo 6. Scioglimento del matrimonio..21

    1) Scioglimento del matrimonio in paese musulmano 21

    A) Ripudio..21

    B) Ripudio contro compenso o riscatto 22

    C) Divorzio...22

    2) Scioglimento del contratto in Svizzera 23

Capitolo 7. Rapporti fra genitori e figli 24

    1) Informatevi prima di sposarvi!...24

    2) Rapporti sessuali e bambini nati fuori dal matrimonio 24

    3) Nome dei figli 25

    4) Religione dei figli...25

    5) Segni religiosi: battesimo, circoncisione, eccisione.................................26

    6) Numero di figli, contraccezione e adozione..27

    7) Custodia dei figli in caso di scioglimento del matrimonio......................28

Capitolo 8. Successione...29

    1) Successione in caso d'apostasia..29

    2) Successione in caso di decesso 29

Capitolo 9. Decesso e funerali...30

Conclusione..31

Modello di contratto matrimoniale 33

    Modèle de contrat de mariage 36

Muster-Ehevertrag...39
Model marriage contract 42
Modelo de Contrato de casamiento 45
نموذج عقد زواج...48
Indirizzi di organismi da consultare 53
Bibliografia succinta..57

Introduzione

Il matrimonio è un contratto particolare concluso fra due persone consenzienti e decise a intraprendere un cammino in comune, di principio valevole per tutta la vita. Non si tratta tuttavia soltanto di un contratto di diritto privato. La dichiarazione degli sposi davanti al funzionario dello stato civile dà pure vita ad un'istituzione giuridica che obbedisce a regole proprie, che vincola le libertà personali degli sposi.

Ogni matrimonio comporta le sue problematiche, legate alla nazionalità, alla religione o altro, del partner. Per limitare quanto possibile le difficoltà, è indispensabile che i futuri sposi s'informino bene prima del matrimonio, per:

- sapere chiaramente quali sono i loro diritti e doveri reciproci;
- accettare liberamente di assumerli, con coscienza di causa e in buona fede.

Il dovere d'informarsi in vista di una libera accettazione dell'altro è essenziale per qualsiasi coppia, e le difficoltà aumentano quando i due coniugi appartengono a culture differenti. È per questo, che i futuri sposi dovrebbero prendersi tutto il tempo necessario per riflettere sul matrimonio in modo indipendente, in coppia e con una persona di fiducia, al fine di trovare un'intesa pre-matrimoniale.

È certamente utile, anzi raccomandato, un soggiorno del partner svizzero nel paese dell'altro prima del matrimonio. Ma non è sempre facile farsi una chiara idea degli usi e costumi locali, soprattutto se non si conosce la lingua del posto e nemmeno le leggi, e soprattutto in virtù del fatto che si è innamorati. Lo scopo di questo libello è dunque quello di attirare l'attenzione dei futuri sposi su alcune norme giuridiche e alcuni costumi sociali presenti fra i musulmani, che possono differire da quelli conosciuti in Svizzera.

Questo documento è redatto in modo semplice, accessibile a tutti. Non pretende di affrontare tutte le problematiche legate ai paesi musulmani. Si preoccupa soltanto di segnalare i problemi che con più frequenza si pongono in questi paesi. Gli interessati possono indirizzarsi al Centro di diritto arabo e musulmano (www.sami-aldeeb.com) per maggiori ragguagli in merito al paese del partner musulmano. Alla fine del libello si trova un modello di contratto matrimoniale in sei lingue: italiano, francese, inglese, tedesco, spagnolo e arabo.

Capitolo 1.
Contratto di matrimonio:
mettetevi d'accordo per scritto!

Quando una svizzera e uno svizzero si sposano, sanno che in caso di litigio saranno sottomessi a delle norme comuni fissate dal Codice civile. In certi ambiti, e per quanto concerne i rapporti finanziari (il "regime matrimoniale"), il legislatore svizzero lascia ai coniugi la possibilità di scegliere fra diverse opzioni e esige che sia redatto un documento scritto, davanti ad un notaio, chiamato "contratto di matrimonio". In mancanza di un tale scritto, la coppia si suppone aver scelto il regime "legale" della partecipazione agli acquisti (articolo 181 del Codice civile svizzero), stabilito dal legislatore. I due coniugi non si sentono perciò obbligati a stabilire tutto da sé, in quanto il legislatore l'ha già fatto per loro.

La situazione è diversa quando i coniugi appartengono a due culture diverse e sono sottomessi a due leggi diverse, che possono contraddirsi. Il legislatore svizzero ha stabilito delle norme -nel quadro della Legge federale sul diritto internazionale privato del 18 dicembre 1987-, da applicare in caso di conflitto. Ma costui non è l'unico ad avere voce in capitolo, in quanto il legislatore del paese del congiunto ha le sue norme da fare applicare, che possono anche essere diametralmente opposte a quelle del legislatore svizzero. Inoltre il legislatore svizzero non può prevedere tutti i casi che si possono presentare con tutte le culture diverse da quella svizzera.

Per queste ragioni, e per prevenire delle contestazioni, si raccomanda alle persone che vogliono contrarre un matrimonio bi-culturale, di stabilire il loro accordo per scritto. Per facilitare loro il lavoro, abbiamo redatto un modello di contratto, che si trova alla fine del libello. Per sottolinearne l'importanza, questo contratto dovrà essere firmato davanti ad un notaio, e possibilmente prima del matrimonio. Ma lo si può fare anche dopo il matrimonio, se non è stato fatto prima.

Si segnala che nei paesi musulmani è previsto che il contratto di matrimonio sia redatto in forma scritta e che sia registrato, per tramite di un'autorità ufficiale[1]. Quest'atto cita i diritti rispettivi dei due coniugi[2]. Il Corano raccomanda difatti vivamente di trascrivere gli impegni:

> O voi che credete, quando contraete un debito con scadenza precisa, mettetelo per iscritto …. Non fatevi prendere da pigrizia nello scrivere il debito e il ter-

---

[1] In Egitto, il matrimonio consuetudinario non è registrato, ma è generalmente redatto da un notaio o da un avvocato.

[2] In Egitto, il notaio che celebra il matrimonio, compila un formulario ufficiale. I coniugi che desiderano introdurre delle altre clausole al formulario, devono farlo tramite un documento separato (Muhammad Azmi Al-Bakri: Mawsu'at al-fiqh wal-qada' fil-ahwal al-shakhsiyyah, Il Cairo, 1994, vol. 1, p. 70-71).

mine suo, sia piccolo o grande. Questo è più giusto verso Allah, più corretto nella testimonianza e atto ad evitarvi ogni dubbio (2:282)[3].

È dunque preferibile non accontentarsi di un accordo orale. I romani dicevano: *Verba volant, scripta manent* (le parole volano, gli scritti rimangono).

Il partner non-musulmano deve comunque essere cosciente del fatto che il contratto che proponiamo ha poche possibilità di essere riconosciuto, se i coniugi tornano nel paese musulmano, in particolare per quanto concerne l'affidamento dei figli, e la loro libertà religiosa. Ha comunque il merito di sensibilizzare in merito i due coniugi.

Nel caso in cui gli sposi decidano di procedere ad una cerimonia religiosa musulmana in Svizzera, dopo il matrimonio civile, o di procedere ad una cerimonia religiosa o consolare all'estero, è necessario citare espressamente nel documento relativo:

- che il contratto di matrimonio firmato davanti al notaio ne è parte integrante;
- che in caso di dissenso fra i coniugi, il contratto di matrimonio prevarrà sul documento stabilito dall'autorità religiosa o consolare.

Capitolo 2.
Importanza della religione nei paesi musulmani

1) Differenze in base all'appartenenza religiosa

I cittadini e le cittadine svizzere sono divisi in diverse comunità religiose: cattolica, protestante, mormone, ebraica, musulmana, bahai, etc. Ma tutti sono sottomessi ad un solo Codice di famiglia e, in caso di litigio, sono giudicati da uno stesso tribunale. La situazione è diversa nei paesi musulmani.

Questi paesi distinguono le persone in base alla religione. Le norme di diritto di famiglia sono diverse in base alla religione d'appartenenza. Che il musulmano sia credente o no, praticante o no, è soprattutto considerato come un musulmano, e gli è applicato il regime giuridico corrispondente.

In certi paesi (come la Giordania, La Siria, il Libano e l'Iraq), ogni Comunità religiosa ha il suo diritto di famiglia, e i suoi tribunali religiosi, che si occupano dei litigi dei loro adepti.

In altri paesi (come l'Egitto), i tribunali religiosi sono stati soppressi, e le loro funzioni sono state trasferite a dei tribunali statali che si occupano di tutto, e che hanno ereditato le leggi delle diverse comunità.

---

3   Questa citazione e le prossime citazioni sono tratte dal Corano secondo la traduzione di Piccardo: http://www.corano.it/corano.html.

Altri paesi (come l'Algeria e la Tunisia), hanno soppresso i tribunali religiosi e hanno unificato le loro leggi, mantenendo le norme speciali applicabili ai non-musulmani.

Ma tutti questi paesi hanno una cosa in comune: hanno norme discriminanti in materia di diritto di famiglia per quanto concerne i non-musulmani e per quanto riguarda le donne, come vedremo più in avanti.

Esistono naturalmente delle differenze fra i vari paesi musulmani. Alcuni paesi hanno leggi più liberali e progressiste, rispetto ad Altri. Così, la poligamia e il ripudio sono vietati in Tunisia e in Turchia. Ma se un tunisino o un turco va in Egitto, si vedrà applicate le norme vigenti in Egitto. Malgrado il divieto della legge nazionale, potrà contrarre un matrimonio poligamo e ripudiare sua moglie, come un musulmano egiziano. Ne è parimenti per lo svizzero che si converte all'Islam e si reca in Egitto. L'appartenenza religiosa di una persona ha la priorità sulla sua appartenenza nazionale.

Bisogna aggiungere che il fatto di risiedere in Svizzera può essere rassicurante per il partner svizzero, ma che non lo mette totalmente al riparo dalle differenze fra norme legislative svizzere e musulmane. Bisogna tenere in considerazione il fatto che il partner musulmano potrebbe voler vivere "come a casa sua" –anche se risiede in Svizzera-, in base al modello familiare dei suoi genitori, e in base ai suoi usi e costumi religiosi. Inoltre è difficile imporre ad uno straniero un esilio ininterrotto in Svizzera. Il ritorno in patria, anche per un breve periodo, è da tenere in conto, fosse anche solo per trascorrere le sue vacanze. Una volta in paese musulmano, la persona sfugge all'applicazione delle leggi svizzere e finisce sotto l'influenza delle sue leggi nazionali e relative ai suoi usi e costumi.

Esistono naturalmente diversi modi di praticare l'Islam. Certi musulmani sono liberali e tolleranti, ed altri più ortodossi. Una persona può tuttavia cambiare atteggiamento da un giorno all'altro, in un senso o nell'altro, e si pensa in particolare all'aumento dell'integralismo religioso. Dunque: che tipo di legame avrà il musulmano con la sua religione, in caso di conflitto con la donna?

Ogni coniuge ha la tendenza ad appoggiarsi alla legge che lo favorisce. È dunque opportuno essere informato delle differenze normative e di usi e costumi, che esistono fra gli svizzeri e i musulmani, e tenerne conto in modo preventivo, per regolare i momenti di conflitto. Un proverbio arabo recita: "Un soldo speso in prevenzione, vale di più di una tonnellata spesa in medicamenti"!

2) Libertà religiosa

In Svizzera si è liberi d'aderire a una religione, di abbandonarla per un'altra religione, o di dichiararsi atei. Si è liberi di fornire o no un'educazione religiosa ai figli. Costoro, dai sedici anni, possono decidere d'aderire alla religione che vogliono. Questa libertà è garantita loro dalla Costituzione svizzera (articolo 15) e dal Codice civile (articolo 303).

I musulmani affermano che la loro religione riconosce la libertà religiosa, invocando i versetti del Corano:

Se il tuo Signore volesse, tutti coloro che sono sulla terra crederebbero. Sta a te costringerli ad essere credenti? Nessuno può credere, se Allah non lo permette. Egli destina all'abominio coloro che non ragionano (10:99-100).

La verità [proviene] dal vostro Signore: creda chi vuole e chi vuole neghi. In verità abbiamo preparato per gli ingiusti un fuoco le cui fiamme li circonderanno, e quando imploreranno da bere, saranno abbeverati da un'acqua simile a metallo fuso, che ustionerà i loro volti (18:29).

Non c'è costrizione nella religione. La retta via ben si distingue dall'errore. Chi dunque rifiuta l'idolo e crede in Allah, si aggrappa all'impugnatura più salda senza rischio di cedimenti. Allah è audiente, sapiente. Allah è il patrono di coloro che credono, li trae dalle tenebre verso la luce. Coloro che non credono hanno per patroni gli idoli che dalla luce li traggono alle tenebre. Ecco i compagni del Fuoco in cui rimarranno in eterno (2:256-257).

Abbiamo riprodotto i passaggi interi del Corano. I musulmani citano solo la prima parte, tacendo le conseguenze per i non-credenti.

Per capire il concetto musulmano di libertà religiosa, bisogna sapere che il diritto musulmano classico e il diritto attuale dei paesi musulmani, fanno una netta distinzione fra l'abbracciare l'Islam e l'abbandonare l'Islam.

A) Libertà di diventare musulmani

Se siete cristiani, ebrei o adepti di un'altra religione, potete liberamente diventare musulmani. Siete anzi incoraggiati a farlo. In quanto a musulmani, potete ripudiare vostra moglie e sposare altre quattro donne. È perciò che annualmente numerosi egiziani cristiani abbracciano l'Islam.

Per diventare musulmani, vi basta pronunciare la formula: "Testimonio che non c'è altro Dio che Allah e che Maometto è il messaggero di Allah". Se siete un uomo, dovrete pure farvi circoncidere, salvo che in caso di malattia. Maometto disse: "Quello che diventa musulmano, che si circoncida, anche se anziano"[4]. Potete anche essere invitati ad adottare un nome che si sposa bene con l'Islam, o comunque di tipo neutro. È così che il giornalista svizzero Albert Hubert si fa chiamare Ahmed Huber, il filosofo francese Roger Garaudy si fa chiamare Raja Garaudy, la star del pop britannico Cat Stevens si fa chiamare Yusuf Islam e il boxeur americano Cassius Clay si fa chiamare Muhammad Ali[5].

B) Divieto di lasciare l'Islam

La facilità con cui potete diventare musulmani contrasta con l'impossibilità di lasciare l'Islam. In effetti, i versetti coranici citati sopra, apparentemente favorevoli

---

4   Hadith citato da Abd-Al-Salam Abd-Al-Rahim Al-Sukkari: Khitan al-dhakar wa-khifad al-untha min manzur islami, Dar al-manar, Heliopolis, 1988, p. 50.

5   Il giornale ufficiale saudita (Um al-Qura) pubblica regolarmente il nome dei convertiti all'Islam. I convertiti cambiano sistematicamente i loro nomi. Così accade anche coi convertiti in Occidente; coloro che non lo fanno subiscono delle pressioni sociali dai loro correligionari (testimonianza scritta di un convertito di Ginevra).

alla libertà religiosa, non hanno impedito ai legislatori musulmani classici di prevedere la pena di morte per coloro che lasciano l'Islam, chiamati apostati. Se si tratta di donne, certi prevedono per loro l'ergastolo fino alla morte o finché non si ricredano. Gli autori musulmani attuali cercano di giustificare questo trattamento degli apostati secondo certi versetti coranici (in particolare il versetto 9:47) e in conformità a quanto detto da Maometto: "Chi cambia religione, uccidetelo!"[6]

Questo divieto di lasciare l'Islam è alla base di controversie che hanno avuto luogo in occasione delle discussioni sulla Dichiarazione universale dei diritti dell'uomo, il cui articolo 18 dice:

> Ogni individuo ha diritto alla libertà di pensiero, di coscienza e di religione; tale diritto include la libertà di cambiare di religione o di credo, e la libertà di manifestare, isolatamente o in comune, e sia in pubblico che in privato, la propria religione o il proprio credo nell'insegnamento, nelle pratiche, nel culto e nell'osservanza dei riti.

La disposizione che parla della libertà di cambiare religione ha provocato una forte reazione in seno ai paesi musulmani, specialmente fra i rappresentanti di Arabia Saudita, sostenuti da quelli di Iraq e Siria[7]. Lo stesso problema si è posto in occasione della discussione della Dichiarazione sull'eliminazione di ogni forma d'intolleranza e di discriminazione basata sulla religione o sulla credenza[8].

Ispirandosi al diritto musulmano classico, il diritto attuale dei paesi musulmani continua ad affermare che è vietato lasciare l'Islam. Due Codici Penali arabi (Mauritania e Sudan) prevedono espressamente la pena di morte per l'apostata. Ma malgrado l'assenza di una tale norma nella loro legislazione, anche gli altri paesi musulmani la menzionano nei loro corsi universitari. In Marocco, Tunisia, Algeria o Egitto (per citarne alcuni), la legge non prevede alcuna sanzione penale per l'apostata. Ciò non significa che costui, come negli altri paesi musulmani, non subisca delle gravissime ripercussioni a causa della sua scelta:

- in materia di diritto di famiglia, all'apostata uomo o all'apostata donna è vietato il matrimonio, e, se è già sposato/-a, viene separato/-a dal coniuge e dai figli;

---

6   Numerose opere arabe moderne trattano l'apostasia. Il lettore troverà l'essenziale del dibattito nel memorandum del Progetto di Codice penale musulmano, presentato al parlamento egiziano nel 1982 (Lagnat taqnin ahkam al-shari'ah al-islamiyyah, iqtirah bi-mashru' qanun al-'uqubat, 1° luglio 1982, p. 177-188). Questo Progetto prevede la pena di morte per l'apostata (articolo 178).

7   AG, terza Commissione, vol. 2, 127 seduta, p. 402-403.

8   Il rappresentante dell'Iran ha chiarito che i musulmani non sono autorizzati a scegliersi un'altra religione, che non sia l'Islam. Nel caso lo facessero, sarebbero passibili della pena di morte (AG, terza Commissione, 26 ott. 1981, A/C.3/36/SR.29, p. 5). Il rappresentante dell'Iraq, parlando in nome dell'Organizzazione della conferenza musulmana, ha dichiarato che i paesi membri di quest'Organizzazione "esprimono ... delle riserve circa ogni disposizione o termine che contravvenga al diritto musulmano, o circa qualsiasi disposizione o legge che non sia fondata su questo diritto" (AG, terza Commissione, 9 ott. 1981, A C 36/SR.43, p. 10). I rappresentanti della Siria (AG, terza Commissione, 9 ott. 1981, A C 36/SR. 43, p. 12) e dell'Egitto si sono associati a queste riserve (AG, terza Commissione, 9 nov. 1981, A/C.3/36/SR.43, p. 9).

- in materia di diritto successorio, l'apostata è considerato/-a come morto, e la sua eredità può essere riscossa. Egli/Ella non può ereditare da alcuno;
- l'apostata perde il suo impiego e può succedere che sia gettato/-a in prigione, su nessuna base legale formale;
- l'apostata vive continuamente in pericolo di vita (anche se esilia). Chiunque può ucciderlo senza correre troppi rischi sul piano del diritto penale. Spesso è un proprio familiare che lo/la elimina.

Visto quel che precede, è importante che la coppia si metta preventivamente d'accordo sulla libertà religiosa e che non ci sia costrizione da una parte sull'altra, per farle cambiare religione.

La donna non-musulmana che sposa un musulmano, può mantenere la sua religione (vedere punto seguente). Deve comunque farlo sapere chiaramente e menzionarlo espressamente nel contratto di matrimonio. Bisogna pure che s'informi sulla situazione concreta esistente nel paese del marito, nel caso che vi si rechi. Infatti, in paesi come l'Arabia Saudita, ai non-musulmani è strettamente vietato praticare la loro religione; i luoghi di culto non-musulmani sono proibiti in quel paese.

3) Limiti religiosi in materia matrimoniale

Secondo l'articolo 54, cifra 2, della vecchia Costituzione svizzera: "Non può essere frapposto ostacolo per motivi né ecclesiastici né economici". Persino l'articolo 14 della nuova Costituzione si limita a dire: "Il diritto al matrimonio e alla famiglia è garantito", dove l'idea di base resta la stessa. Perciò, un uomo ed una donna si possono sposare indipendentemente dalla rispettiva appartenenza religiosa.

Questo principio è confermato dall'articolo 16, cifra 1, della Dichiarazione universale dei diritti dell'uomo, che dispone:

Uomini e donne in età adatta hanno il diritto di sposarsi e di fondare una famiglia, senza alcuna limitazione di razza, cittadinanza o religione.

Quest'articolo è stato oggetto di una messa a punto da parte del rappresentante egiziano, all'Assemblea Generale dell'ONU, che ha detto:

In Egitto, come praticamente in tutti i paesi musulmani, esistono delle restrizioni e limitazioni per quanto concerne il matrimonio della donna musulmana con una persona appartenente ad un'altra religione. Queste limitazioni sono di natura religiosa[9].

In effetti, le norme musulmane vigenti nei paesi musulmani, comportano delle restrizioni in materia del diritto al matrimonio basato sull'appartenenza religiosa. Queste norme possono essere riassunte come segue.

A) Matrimonio di un musulmano con una non-musulmana

Un uomo musulmano può sposare fino a quattro donne non-musulmane, a condizione che esse appartengano ad una religione monoteista (Cristianesimo o Ebrai-

---

9   AG, terza sessione, sessione plenaria 180, p. 912.

smo). Al contrario, non può sposare una donna buddhista, bahai o un'apostata (donna che ha abbandonato l'Islam).

La donna monoteista non-musulmana può tenere la sua fede sposando un musulmano, ma i musulmani non nascondono che sperano nella conversione della donna all'Islam, durante un tale matrimonio[10]. Anche in assenza di pressioni, la donna si sentirà praticamente costretta a diventare musulmana se non vuole essere svantaggiata sul piano successorio e su quello della custodia dei figli (vedere capitoli 7. e 8. seguenti).

Il matrimonio con una non-musulmana, sebbene permesso, resta criticabile, soprattutto se la donna è straniera. Un'opera utilizzata nell'insegnamento pubblico in Egitto, mette espressamente in guardia i giovani musulmani dal contrarre un simile matrimonio. L'autore di quest'opera teme che la femmina si trasformi in una spia per il suo paese[11]. Lo sceicco Al-Ghazali, autore egiziano, arriva fino a dire che non si possono considerare cristiani ed ebrei, sia europei sia americani, come gente del Libro, in quanto la Bibbia e il Vangelo non hanno più influenza su di essi. Secondo quest'autore, la religione presso questi ultimi si limita a una pausa domenicale, una festa di Natale, una rabbia verso l'Islam e degli insulti verso Maometto. Altrimenti, il musulmano era autorizzato a sposare una donna della gente del Libro, in quanto poteva gestire casa sua ed educare i suoi figli secondo gli insegnamenti di Dio. Ma oggi questo non è più possibile, poiché ci si trova in una società dove si versa vino a fiotti e si fa sesso senza freni[12].

Segnaliamo altre due norme musulmane che si trovano nelle leggi di tutti i paesi musulmani:

- Se una donna cristiana sposata a un cristiano diventa musulmana, il suo matrimonio è sciolto, poiché una donna musulmana non può essere sposata ad un non-musulmano. I figli sono allora attribuiti alla madre. Il marito che vuole restare con sua moglie e i suoi figli deve convertirsi all'Islam.

- Se una donna cristiana sposata a un musulmano si converte all'Islam, non ha più il diritto di cambiare idea. Se lo fa, è considerata un'apostata; il suo matrimonio è sciolto e le sono levati i figli.

B) Matrimonio di un non-musulmano con una musulmana

Secondo le norme musulmane in vigore nei paesi musulmani, un uomo non-musulmano non può assolutamente sposare una donna musulmana. Il non-

---

10   Vedere a questo proposito Mohammad Abu-Zahrah: Al-ahwal al-shakhsiyyah, qism al-zawag, seconda edizione, Il Cairo, 1950, p.113-114; Badran Abu-al-Aynayn Badran: Al-ilaqat al-igtima'iyyah bayn al-muslimin wa-ghayr al-muslimin, Beirut, 1980, p. 66-77.

11   Muhammad Ahmad Farag Al-Sanhouri: Al-urah fil-tashri' al-islami, Wazarat al-tarbiyah wal-ta'lim, Il Cairo, 1987, p. 29-34 (opera utilizzata all'undicesimo anno scolastico).

12   Muhammad Al-Ghazali: Qadaya al-mar'ah bayn al-taqalid al-rakidah wal-wafidah, 4° edizione, Il Cairo e Beirut, 1992, p. 203-204. Vedere anche Muhammad Ibn Abd-al-Karim Al-Gaza'iri: Zawag al-muslimin bi-gayr al-muslimah wa zawag al-muslimah bi-ghayr al-muslim fi mizan al-islam, 2° edizione, Il Cairo, 1993, p. 31-32.

musulmano che voglia sposare una donna musulmana deve obbligatoriamente convertirsi all'Islam, prima di sposarsi. Un caso famoso è la conversione del filosofo francese Roger Garaudy, che dopo essere stato cattolico e poi ateo, è ora musulmano ed è sposato ad una donna musulmana.

Il divieto per una donna musulmana di sposare un uomo non-musulmano, si basa su due versetti coranici (2:221 e 60:10) e su un passaggio troncato del Corano: "Dio non concederà ai miscredenti [alcun] mezzo [di vittoria] sui credenti" (4:141). Maometto avrebbe detto allo stesso modo: "L'Islam domina e non sarà dominato"[13]. Le leggi dei paesi musulmani prevedono queste proibizioni. Così l'articolo 122 del Codice ufficioso di Qadri, applicato in Egitto, dichiara: "La donna musulmana si unisce solo ad un uomo musulmano; non si può sposare né con un idolatra, né con un cristiano, né con un ebreo; l'atto che contrarrà con uno di essi sarà considerato totalmente nullo".

Badran, professore di diritto all'Università d'Alessandria e all'Università araba di Beirut, preconizza la pena di morte per il non-musulmano che sposi una musulmana. Poiché "è il mezzo più efficace perché il miscredente (kafir) non si azzardi nemmeno a pensarlo, e che non osi compiere un gesto che attenta all'onore dell'Islam e dei musulmani"[14].

Il divieto di matrimonio fra una musulmana e un non-musulmano si estende al caso in cui il musulmano abbandoni la sua religione. Se un cristiano si converte all'Islam può sposare una musulmana, ma se poi ritorna al Cristianesimo, è considerato come apostata. Il suo matrimonio viene perciò sciolto, come da diritto musulmano. La stessa cosa avviene se il marito musulmano adotti posizioni contrarie alla religione musulmana[15].

È certo che queste norme musulmane sono vietate in Svizzera. Una musulmana può - in Svizzera - sposare un non-musulmano. In certe comunità tradizionali, però, rischierebbe di essere rapita, e meglio, uccisa dai suoi familiari o correligionari. Non può comunque più rientrare nel suo paese (musulmano), perché là la sua coppia verrebbe separata, ed entrambi i coniugi rischierebbero di essere ammazzati.

L'abbiamo detto più in altro, il non-musulmano che voglia sposare una musulmana deve obbligatoriamente convertirsi all'Islam. Certi l'hanno fatto in modo superfi-

---

13 Si trovano queste argomentazioni nella decisione del tribunale di prima istanza d'Alessandria, datata 21.4.1957 [Salih Hanafi: Al-marga' fi qada' al-ahwal al-shakhsiyyah lil-masriyyin, Mu'assassat al-matbu'at al-hadithah, Alessandria, (1958?), vol. 2, p. 89-90].

14 Badran: Al-'ilaqat al-igtima'iyyah, op. cit. p. 88.

15 I tribunali egiziani, in seguito a lamentele da parte di ambienti islamisti, hanno deciso di separare una donna musulmana dal marito musulmano, entrambi professori all'Università del Cairo, malgrado la loro volontà. Il marito aveva scritto delle opere considerate "eretiche". La faccenda è giunta alla Corte di Cassazione, che ha dato ragione agli islamisti, con una decisione del 5 agosto 1996 (sentenza pubblicata da Al-Mugtama' al-madani, Il Cairo, settembre 1996). La coppia in questione ha lasciato l'Egitto, ed è esiliata in Olanda, per il rischio di essere ammazzata dagli islamisti.

ciale, senza rendersi conto delle conseguenze a cui andavano incontro, sul piano giuridico. Infatti, non possono più ri-convertirsi, poiché nell'Islam è vietato lasciare la propria religione. E se lo fanno, sono soggetti alle sanzioni descritte più in alto. La società musulmana non ammette errore in quest'ambito.

Certi possono chiedersi che senso abbia una tale conversione all'Islam, poiché le autorità la sanno essere solo formale. Infatti, se un non-musulmano si converte all'Islam, anche se solo formalmente, i suoi figli saranno obbligatoriamente musulmani in virtù della legge musulmana, e dimenticheranno i motivi della conversione paterna. Sarà loro impedito di lasciare la loro religione, per tutta la vita.

C) Matrimonio temporaneo o di godimento

Il diritto musulmano sciita conosce una forma matrimoniale chiamata "zawag al-mut'ah", letteralmente "matrimonio di godimento", spesso tradotto con "matrimonio temporaneo". Questo genere di matrimonio è espressamente previsto dal Codice civile iraniano[16]. Secondo questo Codice, il marito potrebbe, oltre le quattro mogli regolari, sposare altre donne con il matrimonio temporaneo, il quale può durare anche solo un'ora, oppure diversi anni.

Il matrimonio temporaneo è vietato in diritto musulmano sunnita. Ma delle autorità religiose musulmane sunnite autorizzano i loro correligionari –che si trovano in Occidente per studio o per lavoro- a sposare delle donne non-musulmane monoteiste, con l'intenzione intima di separarsene una volta che il soggiorno all'estero sia terminato. Questi matrimoni permettono all'uomo musulmano di avere dei rapporti sessuali mentre è all'estero, in quanto -altrimenti - avere rapporti sessuali fuori dal matrimonio è proibito nell'Islam[17].

Capitolo 3.
Relazioni fra maschi e femmine

1) Autorità del maschio sulla femmina

In Occidente, la donna lotta per ottenere gli stessi diritti dell'uomo. Questa lotta ha dei riverberi anche sulla società musulmana. In certi paesi musulmani, la donna ha

---

16 Articoli 1075 e 1077 del Codice civile iraniano. Sui matrimoni temporanei vedere Shahla Haeri: Law of desire, temporary marriage in Iran, Londra, 1989.

17 L'autorizzazione ad un simile legame figura in una fatwa di Ibn-Baz, presidente della Commissione permanente di fatwa dell'Arabia Saudita (Magallat al-buhuth al-islamiyyah, n° 25, 1989, p. 89). Questo problema ha sollevato un gran dibattito fra i musulmani degli Stati Uniti, in seguito ad una fatwa che autorizzava il matrimonio con intenzione di ripudiare la moglie al termine del soggiorno all'estero. Il Centro musulmano di Washington ha allora sottoposto il problema all'Accademia di diritto musulmano, parte dell'Organizzazione della conferenza musulmana (di cui fanno parte tutti i paesi musulmani). Ma l'Accademia ha rifiutato un verdetto, a causa delle divergenze d'opinione dei suoi membri, taluni in favore di questo matrimonio, ma altri no – considerandolo una "frode"- (il dibattito in seno a quest'Accademia è riportato nella rivista Magallat magma' al-fiqh al-islami, n° 3, parte 2, 1987, p. 1107, 1141, 1170, 1232-1233 e 1374-1376).

ottenuto il diritto di voto prima delle svizzere. In altri paesi, come il Kuwait, continua a esserne privata, in nome di norme religiose musulmane. Ad altri livelli, i diritti della donna urtano contro le norme religiose.

In effetti, il Corano ha istituito l'autorità dell'uomo sulla donna: " Esse hanno diritti equivalenti ai loro doveri, in base alle buone consuetudini, ma gli uomini hanno predomino su di esse" (2:228). E anche: "Gli uomini sono preposti alle donne, a causa della preferenza che Allah concede agli uni rispetto alle altre e perché spendono [per esse] i loro beni" (4:34).

La figlia femmina sottostà all'autorità paterna; il padre può opporsi al suo matrimonio oppure farla sposare senza il consenso di lei; lei non può sposarsi senza il consenso paterno o del tutore maschile. Sposata, sottostà all'autorità del marito, che può impedirle di uscire da casa o di andare a lavorare, oppure obbligarla a portare il velo. Se lei disobbedisce, il marito può punirla, secondo quanto dice il Corano: "Ammonite quelle di cui temete l'insubordinazione, lasciatele sole nei loro letti, battetele. Se poi vi obbediscono, non fate più nulla contro di esse" (4:34).

La donna svizzera che sposa un musulmano rischia di perdere dei diritti. Il contratto di matrimonio può proprio limitare queste perdite.

La donna svizzera deve –in modo particolare- evitare di rompere i legami con il suo paese, con la sua nazionalità o con la sua famiglia. Dovrà assolutamente mantenere la nazionalità svizzera. Queste misure potranno aiutarla nell'ambito della dominazione maschile. La donna deve anche assicurarsi che i figli siano iscritti nel suo passaporto.

2) Contatti fra maschi e femmine: norme d'abbigliamento

In base al Corano e a dei detti di Maometto, i legali hanno stabilito che alcune parti del corpo sono "'awrah"[18] (letteralmente: malfamate, difettose, ripugnanti) oppure "saw'ah"[19] (letteralmente: cattive, brutte). È proibito esibirle o guardarle. Lo scopo di queste norme è di limitare la tentazione alla dissolutezza. Essendo le donne considerate come l'oggetto della tentazione suprema, il diritto musulmano riserva loro delle norme più severe. Secondo certe fonti, Maometto avrebbe detto: "dopo di me non ho lasciato tentazione più nociva - per gli uomini - che le donne"[20].

Nel mondo arabo si osservano diversi modi d'abbigliarsi. Nel caso estremo, la donna si copre - quando è per strada- da capo a piedi, e di lei si vede niente, né le sue mani, né i suoi capelli, né i suoi occhi. Essa non è mai presentata all'ospite maschile, ed il pasto è consumato dall'uomo senza di lei. Quando viaggia con un trasporto pubblico, è seduta in fondo al bus, in un compartimento con delle tendine nere tirate, ed è separata dalla sezione degli uomini da un'altra tenda nera. È il caso specifico dell'Arabia saudita e dei paesi del Golfo. Gli uomini, in questi paesi,

---

18   Questo termine si trova nei versetti 24:32 e 58, e 33.13.

19   Questo termine si trova nei versetti 5:31, 7:20, 22, 26-27 e 20:121.

20   Si ritrova questa citazione di Maometto nell'opera insegnata nelle scuole pubbliche egiziane: Al-Sanhouri, Al-usrah fil-tashri' al-islami, op. cit. p. 203.

rifiutano di stringere la mano ad una donna, e viceversa. In Arabia saudita una donna non può guidare l'auto perché "guidare le imporrebbe di scoprire una parte del viso, e provocherebbe situazioni di promiscuità con degli uomini, le quali provocano sovversione e incitano al vizio", dice una fatwa (decisione religiosa)[21].

In altri paesi, la donna è tenuta a portare un copricapo e i pantaloni sotto la gonna, per non far vedere le gambe. Queste norme hanno delle ripercussioni nella società occidentale, specialmente per quanto concerne il portare il velo a scuola, e per quanto concerne le lezioni sportive miste.

Nel quadro familiare, il capo famiglia (il padre, e in sua assenza il figlio più anziano) esige spesso che le donne si vestano secondo la sua concezione religiosa. Può imporre loro di non andare al cinema o in discoteca, in spiaggia e d'astenersi dalle attività sportive. Può pure opporsi al fatto che i figli seguano certi corsi (educazione sessuale, anatomia), partecipino a delle attività sportive o frequentino delle classi miste ragazzi-ragazze. Può volerli iscriverli a delle scuole private, proprie alla sua religione. Nei rapporti sociali, può proibire a sua moglie e alle sue figlie di essere presenti, in occasione di visite da parte di sconosciuti.

3) Lavoro della donna

Le Costituzioni dei paesi musulmani riconoscono il diritto al lavoro, senza fare distinzione fra maschi e femmine[22]. Affermano espressamente che lo Stato garantisce a tutti i cittadini le pari opportunità in caso d'accesso a funzioni pubbliche[23].

La Costituzione egiziana fa una precisazione interessante: "Lo Stato assicura alla femmina i mezzi di conciliare i suoi doveri verso la famiglia con il suo lavoro nella società, e la sua uguaglianza con l'uomo in ambito politico, sociale, culturale e economico, senza pregiudicare le disposizioni della legge musulmana" (articolo 11).

La donna musulmana occupa ora tutte le funzioni possibili immaginabili. Si può persino vedere a Tunisi delle femmine come controllori dei biglietti sui bus pubblici, o come poliziotte per il traffico della capitale. Ma molte voci chiedono il ritorno della donna in casa[24].

---

[21] Magallat al-buhuth al-islamiyyah, n° 24, 1989, p. 75, e n° 30, 1990-1991, p. 297-298.

[22] Vedere per esempio le Costituzioni d'Algeria (articolo 52), del Bahrain (articolo 13) e della Siria (articolo 36).

[23] Vedere le Costituzioni di Siria (articolo 26), dell'Iraq (articolo 19), della Mauritania (articolo 12), del Marocco (articolo 12), della Giordania (articolo 22), d'Algeria (articolo 48), del Bahrain (articolo 16) e degli Emirati (articolo 35).

[24] In Egitto, un uomo ha chiesto alla Commissione di fatwa se poteva impedire a sua moglie i continuare a lavorare. Invocando il versetto 4:34 del Corano, la Commissione ha risposto che la donna non può, senza autorizzazione del marito, lasciare la casa coniugale per lavorare, qualsiasi sia il lavoro, anche se esso fosse necessario al prossimo, come per esempio il lavoro d'infermiera o levatrice. La donna deve dunque obbedire a suo marito, abbandonare il suo lavoro e restare a casa. Gli obblighi coniugali sono reciproci: la donna deve restare a casa e il marito deve pagare per soddisfare i suoi bisogni (Al-fatawa al-islamiyyah min dar al-ifta', Il Cairo, vol. 9, 1983, p.

A causa delle attitudini molto variegate dei musulmani in merito al lavoro della donna, è importante che i congiunti discutano questi temi prima di sposarsi, e stabiliscano il loro accordo per scritto, specialmente se intendono vivere all'Estero.

Capitolo 4.
Celebrazione del matrimonio

1) Celebrazione in Svizzera

In Svizzera il matrimonio è un'istituzione laica. La celebrazione del matrimonio è di competenza esclusiva dei funzionari svizzeri di stato civile, indipendentemente dalla religione a cui appartengono i congiunti.

È vietato ai rappresentanti diplomatici e consolari stranieri, in Svizzera, celebrare un matrimonio, indipendentemente dalla nazionalità o dalla religione dei congiunti[25]. Il partner svizzero deve rifiutare di presentarsi di fronte a queste autorità per la celebrazione del matrimonio. Un simile matrimonio non sarà riconosciuto in Svizzera. Ugualmente in Svizzera non è ammessa la celebrazione di matrimonio soltanto religioso. Soltanto dopo il matrimonio civile si può procedere ad una "benedizione religiosa"[26]. Giuridicamente parlando, questa cerimonia non è un matrimonio, ma una formalità facoltativa che non ha alcuna conseguenza giuridica.

Succede perciò che due persone si maritino in Svizzera davanti ad un imam, senza aver concluso dapprima un matrimonio civile. Il diritto svizzero non riconosce questo matrimonio, che può avere delle conseguenze sgradevoli, in particolare per la donna lasciata dal marito. Perciò, l'imam si espone a sanzioni penali[27]. Secondo l'Ufficio federale di stato civile, può persino essergli ritirato il permesso di soggiorno.

Al momento in cui i coniugi si rivolgono ad un'autorità religiosa musulmana, dopo il matrimonio civile, se il marito è musulmano e la donna non-musulmana, l'autorità religiosa le propone in genere una conversione all'Islam, con più o meno insistenza[28]; se il marito è non-musulmano e la donna musulmana, l'autorità in questione impone all'uomo la conversione all'Islam. Il congiunto non-musulmano che desidera mantenere la sua religione lo deve dire espressamente ed esigere che que-

---

3076-77). Un professore egiziano dell'Azhar insegna ai suoi studenti che la donna sposata è a carico di suo marito. Per principio non dovrebbe dunque lavorare. Per contro, la donna che non ha sostegno (un marito, un padre, un fratello, un parente) può lavorare (Abd-al-Ghani Mahmud, Huquq al-mar'ah fil-quanun al-duwali al-'am wal-shari'ah al-islamiyyah, Il Cairo, 1991, p. 91).

25   Nota dell'8 febbraio 1995 del Dipartimento Federale degli Affari Esteri alle rappresentanze diplomatiche e consolari estere in Svizzera.

26   L'articolo 97, cifra 3, del Codice civile svizzero dichiara: "La cerimonia religiosa non può avvenire prima della celebrazione del matrimonio civile".

27   Articoli 271, 287, 292 del Codice penale.

28   Secondo delle testimonianze, un centro musulmano operante in Svizzera rinvia la cerimonia religiosa finché la donna non-musulmana non accetta di convertirsi all'Islam.

sto fatto sia dichiarato espressamente nel documento che deriva dalla cerimonia religiosa.

2) Celebrazione in paese musulmano

Quando il matrimonio è celebrato in un paese musulmano, è generalmente celebrato da un'autorità religiosa o da un'autorità civile a connotazione religiosa. Quando un non-musulmano vuole sposare una musulmana, è obbligato a convertirsi all'Islam prima del matrimonio. Se è una donna non-musulmana che sposa un musulmano, può mantenere la sua religione, ma viene invitata a convertirsi all'Islam, più o meno insistentemente. Il congiunto non-musulmano che non desidera abbandonare la sua religione, deve dichiararlo chiaramente ed esigere che ciò sia menzionato espressamente nel contratto di matrimonio.

3) Poligamia

La maggior parte dei paesi musulmani permettono all'uomo musulmano di essere sposato simultaneamente a quattro donne, che siano musulmane, cristiane o ebree. Gli sciiti possono avere, oltre alle quattro donne, un certo numero di donne a termine (vedere capitolo 2, 3.C.).

Alcuni paesi hanno adottato delle misure che limitano queste pratiche. In tal modo una donna è autorizzata a includere nel suo contratto di matrimonio una clausola, la quale impedisce al marito di avere una seconda moglie. Questa clausola non impedisce al marito di sposare una seconda donna, ma dà il diritto alla donna di divorziare, nel caso in cui il marito non la rispetti. Questa clausola è chiamata "clausola della monogamia".

In Svizzera, dove la poligamia è un crimine punibile in virtù dell'articolo 215 del Codice Penale, è impossibile celebrare un matrimonio poligamo, che sia fra svizzeri o fra stranieri. Ma succede che la donna scopre che suo marito musulmano è già sposato ad un'altra donna. Oppure che suo marito va nel suo paese e sposa un'altra donna.

All'accadere di questi casi in Svizzera, la donna può domandare il divorzio o fare annullare il matrimonio, a causa di poligamia.

Diversamente è se i due coniugi si trovano nel paese del marito. In questo caso, se il matrimonio poligamo è permesso dalla Legge di questo paese, la donna non può ottenere il divorzio dai Tribunali di questo paese, e nemmeno l'annullamento del matrimonio per questo motivo. È perciò consigliato di includere nel contratto di matrimonio la "clausola di monogamia", e il diritto della moglie al divorzio, se l'uomo si rivela già essere sposato o se vuole sposare un'altra donna. Una simile clausola è raccomandata, anche se la coppia desidera vivere in Svizzera. La situazione può in effetti cambiare; in un paese musulmano, la donna svizzera potrà invocare la clausola e chiedere il divorzio per doppio matrimonio, senza dover provare altre cose. Questa clausola è permessa nei paesi musulmani.

Capitolo 5.
Regime matrimoniale in materia finanziaria

In Svizzera, se gli sposi non scelgono altri regimi matrimoniali messi a disposizione dal Codice civile, sono sottomessi al regime legale della partecipazione agli acquisti. Ciò significa che in caso di dissoluzione del matrimonio in seguito a divorzio o a decesso del congiunto, i beni acquisiti durante il matrimonio saranno divisi a metà. Quanto ai beni che ognuno aveva prima del matrimonio, restano di proprietà del congiunto interessato. D'altra parte, il divorzio non mette forzatamente fine ai rapporti materiali fra gli sposi, poiché la Legge prevede gli obblighi alimentari.

In diritto musulmano, il regime legale è quello della separazione dei beni. Ciò significa che ogni sposo mantiene la proprietà dei suoi beni, acquisiti sia prima sia durante il matrimonio. Ciò svantaggia la donna che resta a casa, si occupa dei lavori domestici e bada ai figli. Questo lavoro non è retribuito, ed ella esce da un divorzio con i soli beni posseduti prima di sposarsi. Quanto al marito, egli si tiene tutti i guadagni realizzati sia prima sia durante il matrimonio. Questa ineguaglianza è da sottolineare particolarmente nel caso in cui il marito impedisca alla moglie di lavorare. Inoltre bisogna fare sapere che una donna ha diritto a delle spese di mantenimento solo per un periodo molto limitato, che varia in base al paese, e va da qualche mese a due anni.

Per correggere questa situazione, il diritto musulmano prevede il pagamento obbligatorio di una somma di denaro (dote), da parte del marito alla donna. Questa dote è spesso pagata con un acconto prima del matrimonio, e il resto in occasione del divorzio. Se il divorzio è imputabile alla donna, questa perde il diritto al resto della dote. D'altra parte, per ottenere il ripudio del marito, la donna deve rinunciare al resto della dote e deve restituire al marito l'acconto ricevuto. La dote può essere un importo simbolico, che intende non sovraccaricare il marito. Può però anche consistere in una somma particolarmente importante, destinata ad assicurare il mantenimento della donna in caso di divorzio. Di principio questa dote è di proprietà esclusiva della donna, ma spesso i suoi genitori se ne impossessano[29].

Quando i coniugi si trovano in Svizzera, è importante che sottomettano il matrimonio al diritto svizzero. Se la donna sceglie di restare a casa, bisogna che il suo lavoro sia preso in considerazione nella divisione dei beni acquisiti dal marito. Se la donna lavora, deve evitare che i suoi beni siano interamente spesi per la casa, o che finiscano tutti nelle mani del marito. Deve esigere che il marito partecipi alle spese domestiche. Capita infatti che dei musulmani –come altri del resto- sposino delle svizzere per ottenere il permesso di soggiorno e il diritto di lavorare in Svizzera. Questi mariti possono avere tendenza a lasciare che la donna si occupi delle spese domestiche, e ad inviare tutti i loro guadagni nel loro paese d'origine. Quan-

---

[29] L'Istituto è stato consultato in merito a un atto di matrimonio di un'egiziana con un algerino, viventi in Canada, che prevede una dote di circa 300'000 Euro!

do stimano d'aver guadagnato abbastanza in Svizzera, divorziano o ripudiano la moglie, e tornano nel loro paese per sposare un'altra donna.

Se la coppia intende stabilirsi all'estero, bisogna mettersi d'accordo sugli impegni finanziari reciproci, in base al restare a casa della donna o al suo andare a lavorare. Bisogna accertarsi che la donna non rimanga in mezzo ad una strada in caso di divorzio, di ripudio o di decesso del marito. Non è dunque inutile che esiga il pagamento di una somma di denaro da parte del marito (se possibile una somma importante), a titolo di dote, in previsione di una tale eventualità. Queste sono le regole del gioco in ambito musulmano. Per questo motivo, l'Ambasciata svizzera al Cairo insiste perché la dote sia sufficientemente elevata, perché serva a coprire il fabbisogno della donna in caso di divorzio. Malgrado ciò, si costata che in certi atti di matrimonio di svizzere con egiziani, la dote è pari a una Lira Sterlina Egiziana (meno di cinquanta centesimi svizzeri)!

Per evitare delle situazioni difficili, la donna deve esigere, da parte del suo partner, un accordo scritto pre-matrimoniale, che regoli tutte le questioni materiali. I due coniugi devono tenere costantemente a mente che "i conti fatti bene, fanno buone le amicizie".

Capitolo 6.
Scioglimento del matrimonio

Salvo in caso di decesso, il matrimonio in Svizzera può essere sciolto solo dal Giudice. È diverso nei paesi musulmani.

1) Scioglimento del matrimonio in paese musulmano

Nei paesi musulmani, esistono tre maniere principali di sciogliere il matrimonio: il ripudio; il ripudio contro compenso; il divorzio.

A) Ripudio

Il ripudio (*talaq*) è il diritto riconosciuto all'uomo musulmano, e solo a lui, di mettere fine al matrimonio tramite una dichiarazione di volontà unilaterale, senza passare davanti a un Tribunale e senza che siano necessarie giustificazioni.

Il ripudio può essere sia definitivo, sia revocabile entro un certo intervallo (di circa tre mesi), secondo decisione unilaterale del marito, che significa che il marito può riprendere la moglie senza il consenso di lei, entro l'intervallo menzionato. Il ripudio può essere esercitato direttamente dal marito o, indirettamente, da un'altra persona delegata dal marito.

Su base coranica[30], il ripudio è ammesso in tutti i paesi arabi ad eccezione della Tunisia, il cui articolo 30 del Codice di Statuto personale dichiara: "Il divorzio può

---

30   Il Corano dice: "Si può divorziare due volte. Dopo di che, trattenetele convenientemente o rimandatele con bontà; e non vi è permesso riprendervi nulla di quello che avevate donato loro, a

21

aver luogo solo davanti al Tribunale". Certi paesi musulmani hanno tentato di limitare la possibilità di ripudio del marito, esigendo una procedura di riconciliazione in Tribunale. Ma il Giudice, in caso di fallimento, non può impedire al marito di ripudiare la moglie.

Maometto dice: "Il ripudio è l'atto permesso, che Dio più detesta". Certi autori classici ne deducono che il marito non dovrebbe abusare del suo diritto di ripudiare, senza comunque impedirgli di farne uso. E come punirlo per aver fatto uso di un diritto riconosciuto dal Corano? Così la pensano certi legislatori arabi.

In Egitto, per esempio. La donna "ripudiata dal marito senza aver acconsentito e senza esserne responsabile" ha diritto, a parte la pensione alimentare durante il periodo di ritiro, ad un'indennità di consolazione (*mut'ah*), calcolata sulla base di una pensione alimentare di almeno due anni e tenente conto della situazione finanziaria del marito, delle circostanze del ripudio e della durata del matrimonio (articolo 18bis della Legge 100/1985). La Legge precisa comunque che solo la donna che "ha avuto delle relazioni coniugali in seno ad un matrimonio valido" ha diritto a questa indennità. La Siria (articolo 117) e la Giordania (articolo 134) sono state ancora più generose verso la donna, e hanno escluso persino la precisazione egiziana.

B) Ripudio contro compenso o riscatto

La donna può negoziare con suo marito un ripudio, in cambio del versamento di una somma di denaro. Questo è previsto praticamente in tutte le leggi dei paesi musulmani. Mohamed Chafi scrive: "Quando la sposa prova dell'avversione per il marito, può domandargli di ripudiarla, contro pagamento di una somma di denaro, che è il prezzo per la sua libertà. Il diritto musulmano considera questo tipo di ripudio una sorta di riscatto di sé-stessi"[31].

Certi qualificano questa procedura come "divorzio tramite mutuo consenso". Il termine "tramite riscatto" sarebbe più appropriato. In effetti, il Corano usa il termine "*iftadat*" (2:229), che evoca la tariffa pagata per la liberazione di uno schiavo.

Anche se la donna esprime la sua volontà di porre fine al matrimonio, il marito resta il padrone della situazione: senza il suo accordo, il matrimonio non può essere sciolto. Il riscatto può essere una modalità persino più severa del ripudio, poiché permette al marito di esercitare una pressione sia psicologica sia finanziaria sulla sposa.

C) Divorzio

Il divorzio (*tatliq*), contrariamente al ripudio, è una dissoluzione di matrimonio stabilita dal Giudice in conformità a motivi legali. Se al ripudio può ricorrere solo il marito, e solo lui, la donna che volesse separarsi dal marito —ma non ci riesce riscattando la sua stessa liberazione- deve necessariamente rivolgersi a un tribunale

---

meno che entrambi non temano di trasgredire i limiti di Allah. Se temete di non poter osservare i limiti di Allah, allora non ci sarà colpa se la donna si riscatta" (2:229).

31 Mohamed Chafi, Codice di statuto personale con note, Marrakech, 1996, p. 132-133.

ed esporre le ragioni per cui desidera sciogliere il matrimonio. Cosa non sempre facile.

Dal momento che i coniugi vivono in un paese musulmano che ammette il ripudio, la donna svizzera resta in balìa del marito, che può ripudiarla in qualsiasi momento per sposare un'altra donna. Siccome le sarà difficile chiedere il divorzio da suo marito, essendo in paese musulmano, dovrà rientrare in Svizzera e intentare un processo contro di lui, da lì.

Si segnala che in certe legislazioni musulmane la donna può includere nel contratto di matrimonio il diritto di ripudiare il marito. Potrà così ripudiare il marito, così come lui potrà ripudiare lei, senza passare davanti a un giudice e senza dover pagare un compenso al marito. È ovviamente delicato proporre di includere una simile clausola nel contratto di matrimonio, ma se i futuri sposi sono sufficientemente aperti e realisti, sapranno farvi i conti. Possono pure decidere di escludere il ripudio, e di impegnarsi a non ricorrervi.

2) Scioglimento del contratto in Svizzera

La Svizzera conosce solo il divorzio. Questo è di esclusiva competenza dei Tribunali civili, indipendentemente dalla nazionalità o dalla religione dei coniugi. Di conseguenza, se due coniugi desiderano divorziare, devono rivolgersi ad un tribunale.

Il ripudio è considerato come contrario all'ordine pubblico svizzero. Agli imam musulmani o alle autorità consolari straniere è vietato sostituirsi alle autorità civili competenti per pronunciare la dissoluzione del matrimonio, indipendentemente dalla nazionalità o dalla religione dei congiunti. L'imam che scioglie un matrimonio in Svizzera si espone a delle sanzioni penali[32] e rischia di vedersi annullato il permesso di soggiorno. Lo scioglimento del matrimonio davanti ad un'autorità religiosa non è riconosciuto in Svizzera, e rischia di creare problemi insolubili ai coniugi che si credono liberi dal vincolo matrimoniale tramite questa procedura. Un caso concreto di questo genere è avvenuto in Svizzera: un musulmano, credendosi liberato dalla moglie - avendo divorziato davanti ad un imam-, ha venduto un immobile. La moglie ha allora richiesto la metà dell'incasso.

A volte, dei musulmani che vivono in Svizzera ripudiano la moglie per procura, e ciò non è riconosciuto in Svizzera. In un caso concreto, il marito –trovandosi in Egitto- aveva incaricato il fratello di ripudiare la moglie che viveva in Svizzera. Questo ripudio non è stato riconosciuto in Svizzera. Il marito ha dovuto rivolgersi a un tribunale per chiedere il divorzio secondo le norme svizzere, anche se nel frattempo si era già risposato, credendo che il suo primo matrimonio fosse sciolto[33].

---

32 Articolo 271 (atti per uno Stato straniero) e 287 (usurpazione delle funzioni) del Codice Penale.

33 Decisione del 14.11.1991 della Corte di Giustizia civile (La semaine judiciaire, anno 114°, n° 13, 31.3.1992, p. 209-224).

Capitolo 7.
Rapporti fra genitori e figli

1) Informatevi prima di sposarvi!

Qualsiasi persona normalmente sviluppata dimostra dell'affetto per i suoi figli e desidera trasmettere loro i suoi valori. Non si pongono problemi nel caso di coniugi che condividono gli stessi valori. Questi coniugi non si pongono molte questioni in merito all'educazione dei figli; esse saranno risolte alla luce delle norme legali e di costume a loro note.

Le cose cambiano quando i due coniugi provengono da culture diverse, e ignorano le norme che reggono i rapporti verso ai figli, vigenti nelle rispettive culture. Già da prima del matrimonio, bisogna che i coniugi s'informino mutualmente sulle norme reciproche, e che si mettono d'accordo per scritto sulle concessioni che sono disposti a fare. Bisogna che ne discutano come se i figli fossero già presenti. Attiriamo la loro attenzione sui punti seguenti:

2) Rapporti sessuali e bambini nati fuori dal matrimonio

Nella società occidentale attuale, il fatto d'avere avuto relazioni sessuali e figli fuori dal matrimonio, è sempre meno infamante. Il numero di madri nubili e di figli nati fuori dal matrimonio è in netto aumento. Anche se ciò continua ad essere mal accetto in certe famiglie, il legislatore occidentale ha tentato di adattare gradualmente la Legge ai fatti sociali, e di sopprimere le discriminazioni di cui sono stati vittime le donne nubili e i figli nati fuori dal matrimonio. Anche il padre naturale deve assumere degli obblighi alimentari verso il figlio, e quest'ultimo ha persino lo stesso diritto all'eredità che il figlio legittimo.

Nella società musulmana tradizionale, la figlia deve arrivare vergine al matrimonio. In certe Comunità, deve dimostrarlo -al marito, ai suoi parenti e agli invitati- tramite un lenzuolo o un drappo di cotone intriso del suo sangue. Coloro che hanno già perduto la verginità tendono a rivolgersi ad un chirurgo, perché ricostruisca loro l'imene strappato. Altre volte ricorrono a degli stratagemmi, per esempio facendo coincidere la notte delle nozze con quella dell'arrivo del ciclo mestruale. Il diritto musulmano permette al marito di includere nel contratto di matrimonio la clausola che la moglie sia vergine; se durante la notte di nozze si rivela che la donna non era vergine, può ottenere l'annullamento del matrimonio e farsi rimborsare la dote che le aveva versato[34].

E se la verginità è richiesta alla donna, essa deve assolutamente evitare di rimanere incinta e avere figli fuori dal matrimonio. Il padre di un figlio nato fuori dal matrimonio, non può riconoscerlo e non si assume alcun obbligo nei suoi confronti; il figlio eredita solo dalla madre. La Legge mantiene il silenzio circa i figli nati fuori dal matrimonio. La donna nubile si trova così totalmente abbandonata sia dal legi-

---

[34] Muhammad Ibn-Ma'guz, Ahkam al-usrah fil-shari'ah al-islamiyyah, Casablanca, 1990, p. 210.

slatore sia dalla Comunità musulmana, cosa che la spinge spesso ad abbandonare il figlio in orfanotrofio[35].

Se non si può oggi chiedere ad una svizzera di arrivare vergine al matrimonio, ella deve di conseguenza evitare di passare la prima notte nella società del marito musulmano. Ed in ogni caso, ella deve evitare la gravidanza prima del matrimonio. Rischierebbe di essere rigettata, assieme al figlio, da parte della famiglia del marito, ed a volte pure da lui stesso.

3) Nome dei figli

Un problema importante sul quale bisogna mettersi d'accordo già prima del matrimonio, è il nome del figlio. Per riflettervi, non bisogna attendere che la donna sia incinta e che il figlio nasca.

Il nome in lingua araba può avere connotazione musulmana, cristiana o neutra. Così, il nome Muhammad, Ali e Hassan indicano che le persone che lo portano sono musulmane. Il nome Hanna (Giovanni), Boulos (Paolo) e Boutros (Pietro) sono dei nomi cristiani. I nomi Sami, Jamal e Ibrahim possono essere portati sia da musulmani sia da cristiani.

Esiste anche il problema della connotazione nazionale: un Gian-Paolo passerà inosservato nella Società occidentale, mentre un Jamal indicherà che chi lo porta è di cultura araba o arabo-musulmana. Si fa notare che delle famiglie musulmane danno ai figli dei nomi europei. Così come accade che delle famiglie svizzere diano ai figli dei nomi arabeggianti per amore dell'esotico.

Ciò detto, se il coniuge svizzero non desidera che il figlio o la figlia abbiano un nome musulmano o arabo, per un motivo o per un altro, deve farlo sapere al coniuge musulmano ben prima del matrimonio, e fissare questi punti per scritto. La coppia può procedere ad un doppio nome, che in genere è la scelta più attuata.

Si segnala che in Svizzera la scelta del nome incombe su entrambi i genitori sposati[36]. È applicato alla nascita del figlio[37].

4) Religione dei figli

In diritto svizzero, i due coniugi decidono insieme in merito alla religione e all'educazione religiosa che desiderano dare o non dare al figlio. Se i genitori non si mettono d'accordo a questo riguardo, è il Giudice che decide. In caso di divorzio, chi detiene l'autorità parentale decide per il figlio; il Giudice prende in considerazione un eventuale accordo in merito alla custodia e alla patria potestà del figlio (che include la decisione circa l'educazione religiosa del figlio), che deve essere comunque ratificato. In ogni caso, i bambini svizzeri hanno diritto di scegliere la

---

35 A questo proposito vedere Magdi Kamil: Awham al-gins, 3. edizione, Il Cairo, 1995, p. 12-14; Wedad Zenie-Ziegler: La face voilée des femmes d'Egypte, Parigi, 1985, p. 148-155.

36 Articolo 301 al. 4 del Codice civile; articolo 69 al. 1 dell'Ordinanza sullo stato civile.

37 Articolo 69 al. 2 dell'Ordinanza sullo stato civile.

loro religione a partire dall'età di 16 anni, e possono pure decidere di non seguire alcun insegnamento religioso (articolo 303 del Codice civile).

Questa libertà religiosa è inconcepibile per il diritto musulmano. In tutti i paesi musulmani, i figli di cui un genitore è musulmano, sono obbligatoriamente musulmani. Anche se i genitori si mettono d'accordo perché il figlio sia battezzato e cresciuto nella religione cristiana, quest'accordo non ha alcun valore davanti alla Legge. L'unica possibilità, per permettere ai figli di praticare liberamente la loro religione, è di condurli fuori dai paesi musulmani. Ricordiamo qui che è assolutamente impossibile per i figli musulmani, scegliersi un'altra religione una volta divenuti maggiorenni. Il figlio musulmano deve restare musulmano per tutta la vita.

In ragione di queste vedute diametralmente opposte, è importante che i genitori si mettano d'accordo sull'educazione religiosa dei figli, prima del matrimonio, ed in ogni caso prima di avere dei figli. Devono mettere il loro accordo per scritto, in modo da essere consapevoli dei loro impegni.

Il problema si pone quando i coniugi decidono di recarsi in paese musulmano. I coniugi che sono contrari alle norme musulmane, sono tenuti in nessun conto quando si trovano in paese musulmano, ed il marito è tenuto a seguire le norme locali, in virtù della Legge del luogo e delle pressioni sociali. È praticamente impossibile che i nonni musulmani accettino che il loro nipotino pratichi una religione diversa dalla loro. In un caso concreto, un marocchino sposato ad una svizzera, ha dovuto rompere completamente i suoi legami familiari, poiché ha accettato che i suoi figli fossero cresciuti nella fede cristiana.

Si segnala in proposito che il capo famiglia musulmano può obbligare sua moglie e i suoi figli a compiere gli obblighi religiosi musulmani, e precisamente le cinque preghiere quotidiane e il digiuno di Ramadan. Ricordiamo pure che per principio i musulmani non mangiano cane di porco e nemmeno carne che non sia sgozzata secondo le norme musulmane, e non bevono bevande fermentate (vino, liquori, …). Un marito musulmano può dunque esigere dalla moglie non-musulmana che essa non introduca in casa gli alimenti non permessi, e pure che essa non consumi questi alimenti fuori di casa, in modo da non trasmetterli alla prole attraverso il latte materno. Questi temi devono essere discussi dalla coppia prima del matrimonio. L'accordo preso deve essere messo per scritto.

5) Segni religiosi: battesimo, circoncisione, eccisione

In generale i cristiani battezzano i loro figli in segno d'adesione alla Chiesa. Si costata una sempre maggior rinuncia a questo rito, sia per indifferenza verso la Chiesa, sia per rispetto della libertà di religione del bambino, che deciderà se volersi fare battezzare o no, quando sarà maggiorenne. In ogni caso, il bimbo avrà la libertà di scegliere a che religione aderire, da quando avrà compiuto i 16 anni, e avrà il diritto di cambiarla durante tutto il corso della sua vita.

I musulmani e gli ebrei circoncidono sistematicamente e obbligatoriamente i loro figli maschi.

L'eccisione delle figlie è sconosciuta in molti paesi musulmani, come l'Iran, la Turchia, l'Algeria, la Tunisia, il Marocco, la Giordania, la Siria o l'Iraq. Ma è praticata in 28 paesi, specialmente africani, a maggioranza musulmana[38]. È particolarmente diffusa in Somalia, in Sudan e in Egitto. In quest'ultimo paese, il 97% delle donne sono eccise, secondo le cifre del Ministero Egiziano della Salute Pubblica[39].

Nel rispetto dell'integrità fisica dei loro figli, i due congiunti devono aspettare che i loro figli e le loro figlie raggiungano la maggior età. In seguito costoro decideranno liberamente se vogliono sottomettersi a queste pratiche[40].

Certamente, se la coppia vive in Svizzera, il suo impegno a far rispettare l'integrità fisica del bambino sarà rispettato. Diversamente accade se la coppia si rechi nel paese d'origine del partner musulmano. Spesso, la famiglia impone che siano rispettati gli usi e costumi, e non esita a praticare la circoncisione e l'eccisione sui bambini, anche se i loro genitori sono contrari. Per evitare una tale manomissione sui bambini, è preferibile lasciarli in Svizzera finché sono minorenni.

6) Numero di figli, contraccezione e adozione

In Occidente, in generale i genitori si mettono d'accordo sul numero di figli da avere. Ma è sempre più raro vedere famiglie numerose. I coniugi ricorrono in genere a metodi contraccettivi, che limitano o distanziano le nascite.

I paesi musulmani tentano in diversi modi di limitare la crescita demografica, ma con scarsi risultati, poiché in genere gli ambienti religiosi sono contrari al controllo delle nascite. Il marito può rifiutare che donna usi metodi contraccettivi. Inoltre, la donna ha diritto di avere tanti figli quanti la sua salute le permette, e quanti ne desidera. Si trovano anche medici che rifiutano di prescrivere metodi contraccettivi alle coppie che ne fanno richiesta.

Si costata in genere che le famiglie musulmane e quelle bi-culturali che vivono in Occidente, tendono a ridurre il numero dei figli. Ma è importante che la donna non-musulmana parli con il futuro marito musulmano, per mettersi d'accordo sul numero di figli da avere.

Un altro problema è quello dell'adozione. In Occidente, quando una coppia ha difficoltà ad avere figli, ricorre spesso all'adozione. Si tratta di una via legale che è invece vietata nei paesi musulmani. Questo divieto si basa sul Corano (33:4-5). Il

---

[38] OMS, Mutilazioni genitali femminili, dossier d'informazione, 2 agosto 1994, p. D2-D3.

[39] Al-Wafd, 13 gennaio 1997; Egypt demographic and health survey, settembre 1996, p. 171. L'A-zhar, del Cairo, approva questa pratica in nome della religione musulmana, nonostante il fatto che il Governo egiziano tenta di sradicarla (vedere la fatwa di Gad-al-Haq apparsa nel fascicolo distribuito gratuitamente, assieme all'edizione d'ottobre 1994 della rivista dell'Azhar).

[40] Sulla circoncisione maschile e femminile, vedere Sami Aldeeb: Circoncision masculine – circoncision féminine: débat religieux, médical, social et juridique, l'Harmattan, Parigi, 2001, 537 pagine. Disponibile anche in inglese, Male and female circumcision among Jews, Christians and Muslims: religious, medical, social and legal debate, Shangri-La Publications, Warren Center, PA 19951, USA, 2001, 400 pagine. Vedere anche il libro di Sami Aldeeb, Circoncision: le complot du silence, L'Harmattan, Parigi, 2003, 243 pagine.

solo paese musulmano che permette l'adozione è la Tunisia. Bisogna comunque tener conto del fatto che solo un musulmano può adottare un bambino musulmano. Negli altri paesi, esiste un'altra istituzione chiamata "affido". Secondo questa istituzione, la coppia s'impegna a dare al bimbo affidato l'affetto e l'aiuto materiale necessari, ma il bambino non può adottare il nome di famiglia e neppure prendere parte all'eredità, sebbene possa beneficiare di un lascito.

Quando una coppia musulmana non riesce ad avere figli, il marito attribuisce spesso la responsabilità alla donna. Siccome l'inseminazione artificiale è poco praticata –se non proibita-, nei paesi musulmani, e l'adozione è pure vietata, spesso i mariti ripudiano le mogli per maritarne delle altre. Non è dunque inutile che i coniugi si sottopongano ad un esame pre-matrimoniale (sterilità, malattie veneree, SIDA, …), esame persino obbligatorio in alcuni paesi musulmani. Nel caso uno dei due coniugi fosse sterile, il progetto matrimoniale potrebbe incontrare delle difficoltà, anche se la coppia stessa accetterebbe un matrimonio senza figli, cosa in contraddizione con le regole sociali musulmane. Infatti, la famiglia del coniuge musulmano, difficilmente accetterà una contravvenzione simile alle regole sociali, anche se la coppia decidesse di vivere in Svizzera, lontano dalla famiglia del coniuge musulmano.

7) Custodia dei figli in caso di scioglimento del matrimonio

In diritto svizzero, il Giudice decide in merito all'attribuzione di figli, in caso di divorzio, e ciò avviene spesso in favore della madre. La situazione è diversa in diritto musulmano.

Secondo il diritto musulmano, la madre beneficia di priorità nella custodia del figlio, ma l'autorità parentale resta competenza del padre. La durata della custodia varia secondo il sesso del bambino, e la custodia della figlia dura più a lungo di quella del figlio. Dopo l'estinzione del diritto di custodia della madre, le Legislazioni stabiliscono che sia il padre ad avere la custodia del figlio, oppure che il figlio abbia la possibilità d'abitare presso suo padre, sua madre, o altri parenti.

Se la madre è non-musulmana, le è ritirato il diritto di custodia dopo che il figlio, o la figlia, ha raggiunto una certa età (generalmente i cinque anni), età in cui è influenzabile sul piano religioso. Si teme che la madre cresca il figlio in una religione diversa da quella del padre, ovvero l'Islam. È un motivo sufficiente per far revocare la custodia, lasciata alla madre. In ogni caso, una donna non-musulmana che si è convertita all'Islam, e che poi ritorna alla sua religione originale (apostasia), perde la custodia dei figli. L'apostasia è un impedimento all'ottenimento della custodia dei figli. Ugualmente, la madre perde la custodia dei figli, se si risposa dopo il divorzio o se va a stare in una città diversa da quella del padre.

Se i coniugi vivono in Svizzera e il divorzio ha avuto luogo in Svizzera, il Giudice svizzero applicherà il diritto svizzero, e scarterà il diritto musulmano. Il padre musulmano accetterà –comunque- difficilmente che i figli siano attribuiti alla madre, e in particolare per timore che non siano cresciuti nella religione musulmana. Questa situazione può dar luogo a fatti drammatici di rapimento di figli, casi difficilmente risolvibili, poiché nessun paese musulmano ha ratificato la Convenzione dell'Aia sul rapimento internazionale dei bambini del 1980[41].

Nel momento in cui la coppia si trova in paese musulmano, la donna non può fuggire all'applicazione delle norme musulmane. Si troverà privata della custodia dei figli dal momento in cui loro compiono i cinque anni. In ogni caso, lei non ha alcun potere decisionale sui figli, anche prima di quell'età. Il problema si pone specialmente quando capitasse che il marito musulmano muoia. I figli vengono in generale presi alla madre e collocati presso i genitori paterni. Questa situazione spinge un buon numero di donne non-musulmane a diventare musulmane.

In questo campo, la donna non-musulmana deve mettersi d'accordo per scritto con il suo marito musulmano, affinché il diritto applicato in materia di custodia dei figli sia quello svizzero. Ovviamente, quest'accordo perde di valore se i due coniugi vivono in paese musulmano.

Può quindi essere utile che la donna chieda il divorzio in Svizzera o che si trasferisca in Svizzera dopo il decesso del marito.

Capitolo 8.
Successione

1) Successione in caso d'apostasia

In diritto svizzero la successione si apre solo dopo il decesso di una persona. In diritto musulmano, la successione può essere aperta anche durante la vita di una persona. Si tratta del caso di apostasia, in cui un musulmano abbandona l'Islam. Secondo il diritto musulmano classico, l'apostata deve essere ucciso. Nei casi in cui la pena di morte non è applicata, la persona è considerata come morta. Non può ereditare da alcuno, e la sua successione è aperta, specialmente se la persona abbandona il suo paese per fuggire alla Giustizia. Solo i suoi eredi musulmani possono ereditare da costei. Se si riconverte all'Islam, recupera i suoi beni[42].

2) Successione in caso di decesso

Il diritto musulmano proibisce la successione fra un musulmano e un non-musulmano. Allo stesso modo, una donna non-musulmana che mette al mondo dei figli (obbligatoriamente musulmani, secondo il diritto musulmano), non potrà ereditare dal marito e nemmeno dai figli. D'altra parte, pure i figli musulmani non potranno ereditare dalla madre non-musulmana. Il solo modo di ovviare a questa regola, è di prevedere un lascito di un terzo della successione, per l'erede che altrimenti non avrebbe diritto all'eredità, per motivi di differenza religiosa.

D'altra parte, il diritto musulmano accorda generalmente ad una donna la metà di quanto è accordato ad un uomo. Una figlia riceve dunque la metà di quello che

---

[41] RS 0.211.230.02.

[42] Ciò è esplicitamente previsto dall'articolo 294 del Codice di Famiglia Kuwaitiano.

riceve un suo fratello maschio, e la moglie riceve la metà di quanto riceverebbe il marito (in caso di pre-decesso).

Se il coniuge musulmano ha avuto la Svizzera come ultimo domicilio, la sua successione sarà retta dal diritto svizzero. Il problema delle norme religiose diventa dunque inesistente. Ad ogni modo, sarà difficile far valere una decisione svizzera sui beni del partner musulmano, che si trovano nel suo paese d'origine.

È per questo che i coniugi devono mettersi d'accordo su come sarà regolata la successione, e precisamente sottomettendosi al diritto svizzero. Ma un tale accordo resta senza valore se i coniugi si trovano in paese musulmano, dove vige il diritto musulmano. Bisognerà dunque che la donna negozi l'attribuzione di un lascito – pari a un terzo dell'intera eredità-, in favore del partner che sopravvive all'altro.

Le norme musulmane in materia di successione incitano molte donne non-musulmane a convertirsi all'Islam (formalmente), in modo da non perdere la loro parte di eredità del marito, ed in modo da permettere ai figli di ereditare da loro stesse.

Capitolo 9.
Decesso e funerali

Non si parla della morte quando ci si sposa! Ma presto o tardi bisogna farci i conti. E quando in una coppia i coniugi hanno religioni differenti, vi devono fare i conti doppiamente, a causa dei diversi usi riguardanti il trattamento del decesso e ai funerali.

In Svizzera[43], ogni persona ha il diritto ad una degna sepoltura. I cimiteri sono di competenza dell'autorità civile, la quale controlla che i morti siano rispettati e che l'ordine nei cimiteri sia mantenuto, in particolare si occupa dell'allineamento delle tombe e dell'esumazione dei corpi dopo un certo tempo. Queste autorità possono permettere la creazione di un cimitero religioso, da parte di una determinata Comunità, di cui si prenderà a carico solo la sorveglianza. Infine, la Svizzera permette la cremazione dei morti, secondo la volontà del defunto o della sua famiglia[44].

Nei paesi musulmani, così come in Israele, ogni Comunità religiosa interra i suoi morti nel suo cimitero. È vietato seppellirvi il membro di un'altra Comunità. Gli autori musulmani classici e moderni, ritengono che seppellire dei non-musulmani insieme a dei musulmani porti pregiudizio a questi ultimi.

---

43   L'articolo 53 al. 2 della vecchia Costituzione stipulava: "Il diritto di disporre dei luoghi di sepoltura spetta alle autorità civili. Queste provvederanno a che ogni defunto possa essere convenientemente inumato". La nuova Costituzione ha soppresso questa disposizione stimando che il problema è risolto dall'articolo 7 che stipula: "La dignità della persona va rispettata e protetta".

44   Sulla questione dei cimiteri in Svizzera, vedere: Sami Aldeeb: Cimetière musulman en Occident: normes juives, chrétiennes et musulmanes, L'Harmattan, Parigi, 2002, 168 pagine.

Se il marito è musulmano e la donna non-musulmana, entrambi sono interrati nei loro cimiteri. Cosicché, dopo aver condiviso una vita insieme ed il letto coniugale per tutta la vita, ecco che vengono separati da morti per delle considerazioni religiose!

La sepoltura musulmana segue delle norme particolari, ed il morto viene rivolto verso la Mecca. È vietato alle donne di accompagnare il morto o di assistere al suo interramento, cosa che pone un problema semmai il defunto abbia lasciato solo delle figlie. L'esumazione delle tombe ha luogo solo raramente e solo per motivi importanti. L'incenerimento dei morti è vietato.

Le autorità religiose musulmane stimano che i musulmani che vivono in paesi non-musulmani, debbano essere interrati secondo le loro norme religiose, in cimiteri appropriati. Se non esistono simili cimiteri, bisogna trasferire la salma nel paese musulmano più vicino. Ma in considerazione delle spese che una tale trasferta comporta, accettano che il morto musulmano sia interrato in un cimitero non-musulmano. Se si può scegliere fra un cimitero ebraico ed un cristiano, bisogna preferire quest'ultimo. E se c'è da scegliere fra un cimitero ebraico e uno pagano, bisogna preferire quello ebraico.

I musulmani chiedono con insistenza alla Svizzera di poter avere cimiteri propri, dove seppellire le salme secondo i loro riti religiosi. Ma sono rari i Comuni che concedono un tale permesso, perché pure i cattolici e i protestanti non dispongono più di cimiteri separati.

Cero, ci sono dei musulmani che sono stati sepolti in cimiteri comuni, insieme ai non-musulmani. Ma la maggioranza, per ragioni religiose o sentimentali, sono trasferiti nel loro paese d'origine per essere interrati secondo le loro norme. Questo può provocare delle difficoltà a livello amministrativo e finanziario. È perciò opportuno regolare queste questioni nel contratto matrimoniale e nel testamento, per esserne consapevoli e evitare dei conflitti laceranti al momento della morte di un proprio caro. In modo particolare bisogna indicare quando il coniuge musulmano desidera farsi incenerire, poiché la Comunità musulmana vieta questa pratica[45]. Se il partner musulmano desidera far rimpatriare il corpo, dovrà stipulare un contratto presso una compagnia d'assicurazione o di pompe funebri, sia nel suo paese d'origine, sia in Svizzera.

Conclusione

Il matrimonio è sempre un'avventura, e il suo successo dipende principalmente dalla volontà e dalla capacità di comprensione, reciproche, dei partners. Lo scopo di questo libello è di attirare l'attenzione dei futuri coniugi, di cui uno è musulma-

---

[45] In un caso concreto avvenuto in Svizzera, la donna cristiana d'un marocchino che voleva farsi incenerire, ha dovuto cedere alle pressioni dei musulmani (Le Matin, 7 e 10.3.2001, articoli di Jean-A. Luque).

no, su qualche questione giuridica e culturale, affinché la loro sia una decisione riflettuta e chiara.

La maggior chiarezza possibile, nella relazione, è cosa auspicata: prendetevi tutto il tempo possibile per parlarvi in tutta franchezza, prima di prendere la decisione finale! Ci sono numerosi organismi che possono aiutarvi e presso di cui potete ottenere delle informazioni. Ve ne forniamo una lista indicativa: usatela!

Soprattutto, stabilite un contratto davanti ad un notaio, prima di sposarvi. E se non avete potuto farlo prima di sposarvi, fatelo dopo il matrimonio. Meglio tardi che mai …. In allegato, troverete un modello di contratto matrimoniale.

Qualunque sia la vostra decisione, vi auguriamo successo e tanta felicità nella vita.

Modello di contratto matrimoniale

Il presente modello di contratto va compilato separatamente dai due nubendi, i quali procederanno in seguito al confronto delle loro rispettive risposte Il testo finale, accettato da entrambi, va da loro sottoscritto innanzi ad un notaio che ne conserva una copia. Annullare o modificare le parti che non si adattano al caso di specie.

1) Celebrazione del matrimonio

A seguito di debita riflessione, i sottoscritti

Sig................   Nato il ....

Nazionalità...............   Religione..............

Stato civile (celibe, divorziato, vedovo)

e

Sig.ra...............   Nata il ....

Nazionalità..............   Religione..............

Stato civile (nubile, divorziata, vedova)

hanno convenuto quanto segue:

Il matrimonio sarà celebrato

in Svizzera   di fronte all'ufficiale dello

                                      stato civile di..............

all'estero (indicare il paese)...... di fronte a....................

Il matrimonio civile sarà seguito da una cerimonia religiosa

(specificare la cerimonia)..............

o

Il matrimonio civile non è seguito da alcuna cerimonia religiosa.

Il domicilio comune degli sposi sarà (indicare il paese)..............

La donna conserva la nazionalità svizzera.

Ella conserva il suo cognome, (ovvero) adotta il cognome del marito.

2) Libertà religiosa di sposi

Ciascun coniuge intende conservare la sua religione e si impegna a rispettare la religione e il culto dell'altro, compreso il diritto di cambiare religione.

Il marito e la moglie si impegnano a non imporsi reciprocamente i principi da essi seguiti in materia di alimentazione.

3) Fedeltà e monogamia

Il marito e la moglie si devono reciprocamente aiuto e fedeltà. Essi dichiarano di non essere, al momento del matrimonio, uniti da altro matrimonio. Ciascuno si impegna a non unirsi in matrimonio ad altra persona fino a quando sussiste il presente matrimonio. In caso di dichiarazione falsa o di violazione del suddetto impegno, ciascuno dei due acquisisce il diritto di chiedere il divorzio per questo motivo.

4) Prole

Il marito e la moglie dichiarano di essersi sottoposti ad esami prenuziali e di esserci reciprocamente informati dei relativi risultati.

I figli saranno di religione...............

Essi saranno allevati nel rispetto di tale religione. Essi acquisteranno la libertà religiosa, compreso il diritto di cambiare religione, a partire dai 16 anni di età, senza alcuna costrizione da parte dei genitori o delle rispettive famiglie, conformemente all'articolo 303, co. 2, del Codice civile svizzero.

I figli porteranno nomi europei, cristiani, musulmani, arabi, neutri. La scelta del nome sarà compiuta d'intesa fra i due genitori (indicare eventualmente i nomi).

I figli saranno battezzati all'età di...............

Essi potranno scegliere liberamente, se lo desiderano, di farsi circoncidere od escidere a partire dall'età di 18 anni.

I figli frequenteranno scuole pubbliche, musulmane, cristiane, ebree.

I figli saranno registrati sul passaporto della madre.

Il coniuge musulmano non si opporrà al matrimonio delle sue figlie con un non-musulmano.

5) Rapporti patrimoniali

Il marito e la moglie contribuiscono in misura eguale, ciascuno proporzionatamente ai suoi mezzi, alle spese della famiglia e alla educazione dei figli. Essi decidono di comune accordo gli affari relativi alla coppia.

Il regime matrimoniale è sottoposto alla legge svizzera. Marito e moglie scelgono il regime (indicare il regime)...............

6) Norme relative all'abbigliamento, al lavoro, ai viaggi

Il marito e la moglie s'impegnano a non imporsi reciprocamente, né ad imporre ai figli, i principi musulmani relativi all'abbigliamento o alla vita sociale e all'educazione scolastica e sportiva.

La donna assume da sé le decisioni circa il suo lavoro. Non ha bisogno dell'autorizzazione del marito per viaggiare né per ottenere passaporto o documento di identificazione, per sé e per i figli.

7) Scioglimento del matrimonio per divorzio o decesso

Il marito e la moglie s'impegnano a risolvere amichevolmente i conflitti che abbiano ad insorgere fra di loro. Nell'ipotesi in cui uno dei due desideri sciogliere il matrimonio, si impegna a farlo davanti al giudice e a non fare uso del ripudio.

Se il marito o i due sposi risiedono in un paese che permette al marito di ripudiare la moglie, il marito riconosce per ciò stesso alla moglie il diritto di ripudiarlo alle stesse condizioni.

In caso di divorzio, l'assegnazione dei figli avrà luogo sulla base di una decisione del giudice svizzero presa in conformità alla legge svizzera. Se i figli sono assegnati alla madre, il padre si impegna a rispettare tale decisione e non sottrarglieli, quale che sia il luogo della loro residenza. In caso di decesso di uno dei coniugi, i figli saranno assegnati al coniuge superstite.

La divisione dei beni e gli obblighi alimentari tra i coniugi sono regolati dal diritto svizzero, anche se il marito o i due sposi risiedono in un paese musulmano.

Salvo accordo contrario, i beni acquisiti durante il matrimonio dall'uno o dall'altro coniuge sono considerati di proprietà comune di entrambi e dovranno essere divisi in parti uguali.

8) Successioni

Il marito e la moglie sottopongono la loro successione al diritto svizzero. Essi rigettano qualsiasi limitazione del diritto di succedere fondato sulla religione o sul sesso. Nel caso in cui la successione si sia aperta all'estero, parzialmente o totalmente, e il giudice straniero rifiuti di applicare il diritto svizzero, ciascun coniuge riconosce sin d'ora al coniuge superstite il diritto ad un terzo del valore netto della sua eredità dopo la liquidazione del regime matrimoniale.

9) Decesso e cerimonia funebre

Indicare qui l'accordo al quale sono pervenuti i due coniugi riguardo ai funerali: sepoltura in un cimitero laico, in un cimitero religioso, rimpatrio della salma nel paese di origine, incenerimento, ecc.

10) Modifica del contratto

Il marito e la moglie s'impegnano ad osservare in buona fede i termini del presente contratto. Il presente contratto non può essere modificato se non con il consenso dei due sposi, liberamente manifestato di fronte ad un notaio.

Nome del marito

Sua firma   luogo e data.................

Nome della moglie

Sua firma   luogo e data.................

Nome e indirizzo del 1 testimone

Sua firma   luogo e data.................

Nome e indirizzo del 2 testimone

Sua firma   luogo e data.................

Nome e indirizzo del notaio

Sua firma   luogo e data.................

P.S.: Nel caso in cui gli sposi decidano di procedere ad una cerimonia religiosa musulmana in Svizzera dopo il matrimonio civile o di concludere un matrimonio religioso o consolare all'estero, è indispensabile indicare espressamente nel documento redatto a seguito della cerimonia o del matrimonio:

- che il presente contratto sottoscritto dai due sposi di fronte al notaio ne è parte integrante, e
- che in caso di contraddizione tra i due documenti, il presente contratto prevale sul documento redatto dall'autorità religiosa o consolare.

Modèle de contrat de mariage

Ce modèle de contrat devrait être rempli séparément par les deux futurs conjoints qui procèdent ensuite à la comparaison de leurs réponses. Le texte final accepté par les deux doit être signé devant un notaire qui en garde un exemplaire. Biffez ou modifiez les passages qui ne conviennent pas.

1) Célébration du mariage

Après mûre réflexion, les soussignés

M............   Né le.....................

Nationalité...........   Religion................

Etat civil (célibataire, divorcé, veuf)

et

Mme...........   Née le...................

Nationalité..............   Religion................

Etat civil (célibataire, divorcée, veuve)

ont convenu de ce qui suit:

Le mariage a lieu

en Suisse   devant l'état civil de ....

à l'étranger (nom du pays) .... devant ....

Le mariage civil est suivi d'une cérémonie religieuse

(spécifier la cérémonie) ....

ou

Le mariage civil n'est pas suivi d'une cérémonie religieuse.

Leur domicile commun sera (nommer le pays) ....

La femme garde la nationalité suisse.

Elle garde son nom de famille, (ou) elle adopte le nom de famille de son mari.

2) Liberté religieuse des époux

Chacun des époux entend garder sa religion et s'engage à respecter la liberté de religion et de culte de l'autre, y compris le droit de changer de religion.

Le mari et la femme s'engagent à ne pas imposer l'un à l'autre leurs normes relatives à la nourriture.

3) Fidélité et monogamie

Le mari et la femme se doivent aide et fidélité. Ils attestent qu'ils ne sont pas déjà mariés au moment du mariage. Chacun s'engage à ne pas épouser une autre personne tant que ce mariage est maintenu. En cas de fausse attestation ou de violation de l'engagement mentionné, chacun des deux partenaires acquiert le droit de demander le divorce pour cette raison.

4) Enfants

Le mari et la femme affirment s'être soumis à des examens prénuptiaux et s'être mis au courant des résultats de ces examens.

Les enfants seront de religion ....

Ils seront éduqués dans cette religion. Ils bénéficieront de la liberté religieuse à partir de l'âge de 16 ans, y compris le droit de changer de religion, sans aucune contrainte de la part des parents ou de leurs familles respectives, conformément à l'article 303 alinéa 3 du Code civil suisse.

Les enfants porteront des prénoms européens, chrétiens, musulmans, arabes, neutres. Le choix du prénom sera fait d'entente entre les deux parents (éventuellement indiquer déjà les prénoms).

Les enfants seront baptisés à l'âge de ....

Ils choisiront librement de se faire circoncire ou exciser dès l'âge de 18 ans s'ils le souhaitent.

Les enfants seront scolarisés dans des écoles publiques, musulmanes, chrétiennes, juives.

Les enfants seront inscrits sur le passeport de leur mère.

Le conjoint musulman ne s'opposera pas au mariage de ses filles avec un non-musulman.

5) Rapports économiques

Le mari et la femme contribuent sur une base d'égalité, chacun selon ses moyens, aux dépenses du ménage et à l'éducation des enfants. Ils décident conjointement des affaires du couple.

Le régime matrimonial est soumis au droit suisse. Le mari et la femme optent pour le régime (nommer le régime) ....

6) Normes vestimentaires, travail et voyage

Le mari et la femme s'engagent à ne pas s'imposer mutuellement, ni à leurs enfants, des normes islamiques concernant les vêtements, la vie sociale ou l'éducation scolaire et sportive.

La femme décide elle-même de son travail. Elle n'a pas besoin de l'autorisation du mari pour ses voyages et l'obtention des titres de voyages et d'identité pour elle-même et pour ses enfants.

7) Dissolution du mariage par le divorce ou le décès

Le mari et la femme s'engagent à régler leurs conflits à l'amiable. Au cas où l'un des deux souhaiterait mettre fin au mariage, il s'engage à le faire devant le juge et à ne pas faire usage de la répudiation.

Si le mari ou les deux conjoints résident dans un pays qui permet au mari de répudier sa femme, le mari reconnaît de ce fait à sa femme le droit de le répudier aux mêmes conditions que lui.

En cas de divorce, l'attribution des enfants se fera selon la loi suisse et sur décision du juge suisse. Si les enfants sont attribués à la mère, le père s'engage à respecter cette décision et à ne pas les lui retirer, quel que soit leur lieu de résidence. En cas de décès d'un conjoint, les enfants seront attribués au conjoint survivant.

Le partage des biens et les obligations alimentaires entre les époux seront réglés selon le droit suisse, même si le mari ou les deux époux résident dans un pays musulman.

Sauf accord contraire, les biens acquis pendant le mariage par l'un ou l'autre conjoint sont considérés comme propriété commune des deux et seront partagés à égalité.

8) Successions

Le mari et la femme soumettent leurs successions au droit suisse. Ils rejettent toute restriction au droit d'hériter basée sur la religion ou le sexe. Au cas où la succession est ouverte à l'étranger, partiellement ou totalement, et que le juge étranger refuse d'appliquer le droit suisse, chaque conjoint reconnaît d'avance au conjoint survivant le droit au tiers de son héritage net après liquidation du régime matrimonial.

9) Décès et funérailles

Mentionner ici l'accord auquel sont arrivés les deux conjoints concernant les funérailles: enterrement dans un cimetière laïc, enterrement dans un cimetière religieux, transfert du corps dans le pays d'origine, incinération, etc.

10) Modification du présent contrat

Le mari et la femme s'engagent à respecter les clauses de ce contrat de bonne foi. Le présent contrat ne peut être modifié qu'avec le consentement libre des deux conjoints, devant un notaire.

Nom du mari

Sa signature   lieu et date ....

Nom de sa femme

Sa signature   lieu et date ....

Nom du 1er témoin et son adresse

Sa signature   lieu et date ....

Nom du 2ème témoin et son adresse

Sa signature   lieu et date ....

Nom du notaire et son adresse

Sa signature   lieu et date ....

P.S.: Au cas où les époux décident de procéder à une cérémonie religieuse musulmane en Suisse après le mariage civil ou de conclure un mariage religieux ou consulaire à l'étranger, il est indispensable de mentionner expressément dans le document établi à la suite de la cérémonie ou du mariage:

- que le contrat de mariage signé devant notaire par les deux conjoints en fait partie intégrante et

- qu'en cas de contradiction entre les deux, ce contrat doit l'emporter sur le document établi par l'autorité religieuse ou consulaire.

Muster-Ehevertrag

Der Mustervertrag sollte durch die künftigen Ehepartner separat ausgefüllt werden, bevor sie die Antworten miteinander vergleichen. Der definitive Text, mit dem beide Partner einverstanden sind, ist vor einem Notar zu unterzeichnen. Ein Exemplar bleibt beim Notar. Nichtzutreffendes ist zu streichen oder abzuändern.

1) Trauung

Nach reiflicher Überlegung haben die Unterzeichnenden

Herr ....   Geboren am ....

Nationalität ....   Religion ....

Zivilstand (ledig, geschieden, verwitwet)

und

Frau ....   Geboren am ....

Nationalität ....   Religion ....

Zivilstand: ledig, geschieden, verwitwet

sich entschlossen:

die Ehe einzugehen

in der Schweiz   vor dem Zivilstandsamt in ....

im Ausland (Name des Landes) ....   vor ....

Anschliessend an die zivile Eheschliessung folgt eine religiöse Zeremonie (Art der Zeremonie) ....

oder

Der Ziviltrauung folgt keine religiöse Zeremonie.

Gemeinsamer Wohnsitz wird sein

(hier ist das Land einzusetzen) ....

Die Frau behält das schweizerische Bürgerrecht.

Sie behält ihren Familiennamen, (oder) sie nimmt den Namen ihres Mannes an.

2) Religionsfreiheit der Ehegatten

Jeder Ehegatte beabsichtigt, seine eigene Religion beizubehalten und verpflichtet sich, die Freiheit des anderen zum Glauben und zum Gottesdienstbesuch zu respektieren, einschliesslich seines Rechtes, die Religion zu wechseln.

Mann und Frau verpflichten sich, ihre Nahrungsvorschriften dem Partner nicht aufzuzwingen.

3) Treue und Monogamie

Mann und Frau schulden sich gegenseitig Unterstützung und Treue. Sie bezeugen, dass sie im Zeitpunkt der Eheschliessung nicht bereits verheiratet sind. Jeder verpflichtet sich, keine andere Person zu heiraten, solange diese eheliche Verbindung aufrechterhalten bleibt. Im Falle falscher Angaben oder bei Nichteinhalten der hiervor erwähnten Verpflichtungen ist jeder Partner berechtigt, allein aus diesem Grunde die Scheidung zu verlangen.

4) Kinder

Mann und Frau bestätigen, dass sie sich vorehelich medizinisch haben untersuchen lassen und den Partner über das Ergebnis dieser Untersuchungen informiert haben.

Die Kinder werden folgender Religion zugehören ....

Sie werden in dieser Religion erzogen werden. Ab ihrem 16. Lebensjahr haben sie in Übereinstimmung mit Artikel 303 Absatz 3 des Schweizerischen Zivilgesetzbuches das Recht, über ihre Religionszugehörigkeit oder einen Religionswechsel selbständig und frei, ohne jeden Druck seitens der Eltern oder ihrer Familien, zu entscheiden.

Die Kinder werden europäische, christliche, muslimische, arabische, neutrale Vornamen tragen. Der Vorname wird einvernehmlich durch die Eltern bestimmt (ev. bereits die Vornamen wählen).

Die Kinder werden im Alter von .... Jahren getauft werden.

Nach dem vollendeten 18. Lebensjahr werden sie frei wählen können, ob sie sich beschneiden lassen möchten oder nicht.

Die Kinder werden staatliche, muslimische, christliche, jüdische Schulen besuchen.

Die Kinder werden im Pass ihrer Mutter eingetragen.

Der muslimische Partner wird sich der Heirat seiner Töchter mit einem Nichtmuslim nicht widersetzen.

5) Wirtschaftliche Beziehungen

Mann und Frau tragen beide in gleicher Weise, jeder entsprechend seinen Mitteln, zu den Kosten für die Haushaltführung und die Erziehung der Kinder bei. Sie entscheiden gemeinsam über Geschäfte, die das Paar angehen.

Der Güterstand untersteht dem schweizerischen Recht. Der Mann und die Frau wählen folgenden Güterstand (Name des Güterstands).............

6) Kleidervorschriften, berufliche Tätigkeit, Reisen

Die Ehegatten verpflichten sich, weder dem Ehepartner noch den Kindern muslimische Normen bezüglich der Kleidung, des gesellschaftlichen Lebens oder der schulischen und sportlichen Erziehung aufzuzwingen.

Die Frau entscheidet allein über ihre berufliche Tätigkeit. Sie benötigt keine Bewilligung ihres Ehemanns, um Reisen zu unternehmen oder Reise- und Ausweispapiere für sich selbst und ihre Kinder zu erhalten.

7) Auflösung der Ehe durch Scheidung oder Tod

Mann und Frau verpflichten sich, Konflikte gütlich zu bereinigen. Wenn einer von beiden die Ehe auflösen will, verpflichtet er sich, dies vor dem Richter zu tun und keinen Gebrauch von der Verstossung zu machen.

Wenn der Mann oder beide Ehegatten in einem Land leben, wo die Verstossung durch den Mann erlaubt ist, so gesteht der Mann seiner Frau das Recht zu, ihn zu gleichen Bedingungen zu verstossen.

Bei Scheidung erfolgt die Zuteilung der Kinder nach schweizerischem Recht und durch Urteil eines schweizerischen Richters. Werden die Kinder der Frau zugeteilt, so verpflichtet sich der Vater, dieses Urteil zu respektieren und ihr die Kinder nicht wegzunehmen, wo immer auch ihr Wohnort sei. Beim Tod eines Ehegatten werden die Kinder dem überlebenden Gatten zugeteilt.

Die Vermögensaufteilung und die Regelung der Unterhaltspflichten zwischen den Gatten richten sich nach den Grundsätzen des schweizerischen Rechts, auch dann, wenn der Mann oder beide Ehegatten in einem muslimischen Staat leben.

Ausser wenn die Partner etwas anderes bestimmt haben, werden die durch den einen oder anderen Partner während der Ehe erzielten Gewinne als gemeinschaftliches Eigentum betrachtet, das gleichmässig auf die Eheleute aufgeteilt wird.

8) Erbschaft

Der Mann und die Frau unterstellen ihre Erbschaft dem schweizerischen Recht. Sie lehnen jegliche Einschränkungen der Erbfolge aus Gründen der Religion und des Geschlechts des Erben ab. Wird der Nachlass im Ausland eröffnet und lehnt der ausländische Richter es ab, das schweizerische Erbrecht anzuwenden, so anerkennt der vorversterbende Ehegatte im Voraus, dass ein Drittel der Erbschaft als Vermächtnis an den überlebenden Ehegatten gehen soll.

9) Tod und Begräbnis

Hier ist die zwischen den Ehepartnern getroffene Vereinbarung betr. das Begräbnis festzuhalten: Begräbnis in einem konfessionslosen Friedhof, einem kirchlichen Friedhof, Transfer des Leichnams in sein Heimatland, Kremation, etc.

10) Änderung des vorliegenden Vertrages

Mann und Frau verpflichten sich, die in diesem Vertrag getroffenen Vereinbarungen nach Treu und Glauben zu respektieren. Der vorliegende Vertrag kann nur in freiem Einverständnis beider Ehepartner und vor einem Notar abgeändert werden.

Name des Mannes

Seine Unterschrift   Ort und Datum ....

Name der Frau

Ihre Unterschrift   Ort und Datum ....

Name des 1. Zeugen und seine Adresse

Seine Unterschrift   Ort und Datum ....

Name des 2. Zeugen und seine Adresse

Seine Unterschrift   Ort und Datum ....

Name des Notars und seine Adresse

Seine Unterschrift   Ort und Datum ....

P.S.: Sollte das Paar sich entschliessen, nach der zivilen Trauung eine religiöse islamische Zeremonie in der Schweiz zu feiern oder sich im Ausland religiös oder konsularisch trauen zu lassen, so muss im Dokument, das im Anschluss daran erstellt wird, unbedingt festgehalten werden:

- dass der durch die beiden Ehepartner vor einem Notar unterzeichnete Vertrag ein integrierender Bestandteil dieses Dokumentes ist;

- dass dieser Ehevertrag den Vorrang haben soll, wenn seine Bestimmungen dem Dokument widersprechen, das durch die religiöse oder konsularische Behörde ausgestellt wurde.

Model marriage contract

This model contract should be separately completed by each of the two future spouses, who then compare their answers. The agreed final text should be signed before a notary, who will retain a copy of it. Please cancel or modify any passages which you consider to be inappropriate.

1) Celebration of the marriage

After due consideration, the undersigned

Mr..............   Born on ....

Nationality..............   Religion..............

Civil status (single, divorced, widowed)

and

Mrs..............   Born on ....

Nationality..............   Religion..............

Civil status (single, divorced, widowed)

have agreed as follows:

Their marriage shall take place

in Switzerland   in the civil registry at..............

abroad (name of the country)...... before...............

The civil ceremony shall be followed by a religious ceremony (specify the ceremony).........

or

The civil ceremony shall not be followed by a religious ceremony.

Their common domicile will be (name the country)...............

The wife keeps her Swiss nationality.

She will retain her family name, (or) she will adopt the family name of her husband.

2) Religious freedom of spouses

Each spouse will retain his or her current religion and undertakes to respect the freedom of religion and worship of the other spouse, including the right to change religion.

Each of the spouses undertakes to refrain from imposing his or her dietary norms upon the other.

3) Fidelity and monogamy

The husband and the wife owe each other support and fidelity. Each of them attests that he or she is not married to another person at the time of entering into the present marriage. Each of them undertakes not to marry another person for so long as the present marriage continues. In case of a false attestation or violation of this undertaking by either spouse, the other spouse shall have the right to apply for a divorce on this ground.

4) Children

The husband and the wife affirm that they have submitted to premarital examinations and have informed each other of the results of these examinations.

The children's religion will be...............

They will be educated in this religion. They will have the benefit of religious freedom when they attain the age of sixteen years, including the right to change religion, without constraint on the part of either parent or of their respective families, in conformity with article 303, paragraph 3 of the Swiss Civil Code.

The children will bear European, Christian, Muslim, Arabic, neutral first names. The choice of the first name will be made by agreement between the two parents (any mutually acceptable first names of boys or girls may be mentioned here: ....).

Each of the children will be baptised at the age of...............

The children will be free to choose to be circumcised or excised when they attain the age of eighteen years, if they so desire.

The children will be educated in public, Muslim, Christian, Jewish schools.

Each of the children will be included on his or her mother's passport.

The Muslim spouse will not oppose any marriage of his or her daughters with a non-Muslim.

5) Economic relations

Each of the spouses shall contribute on the basis of equality, each according to his or her respective means, to the expenses of the household and to the education of the children. They shall jointly decide all matters affecting the couple.

Their matrimonial property rights shall be governed by Swiss law. The spouses hereby opt for the (please name the chosen matrimonial property relationship)...............

6) Sartorial norms, work and travel

The husband and the wife each undertake not to impose Islamic norms concerning clothing, social life, or education (including physical education), upon one another or upon their children.

The wife will determine her own occupational activities. She shall not require the husband's authorization in order to travel or to obtain transportation tickets and identity documents for herself and for her children.

7) Dissolution of the marriage

The husband and the wife undertake to resolve their differences amicably. In the event that either spouse should wish to terminate the marriage, he/she undertakes to initiate judicial proceedings and not to resort to repudiation.

If the husband or both of the spouses are resident in a jurisdiction which allows the husband to repudiate his wife, the husband hereby accords his wife the right to repudiate him under the same conditions.

In case of divorce, the custody of any children of the marriage will be determined according to Swiss law and by order of a Swiss court. If children are assigned to the mother, the father undertakes to respect that decision and not to take them away from her, whatever is their place of residence. In case of the death of either spouse, custody of the children will be held by the surviving spouse.

The distribution of assets and payment of any maintenance between the spouses will be determined according to Swiss law, even if the husband or both of the spouses reside in a Muslim country.

Assets acquired during the marriage by one or other of the spouses shall be considered as common property of the two spouses and shall be shared equally, unless the two spouses have decided otherwise.

8) Inheritance

The husband and the wife hereby choose Swiss law to govern their successions. They reject any restriction upon the right to inherit which is based on religion or sex. For the event that the succession is administered abroad, partially or completely, and that the relevant foreign legal system prevents the application of Swiss law, each of the spouses hereby makes an advance testamentary allocation to the surviving spouse of one third of his net estate after satisfaction of all matrimonial property rights and obligations.

9) Death and funeral ceremony

The spouses have reached the following agreement concerning their funerals: burial in a secular cemetery, burial in a religious cemetery, repatriation of mortal remains to the country of origin, cremation, etc.

10) Modification of the present contract

The husband and the wife each commit themselves to respect the terms of this contract in good faith. The present contract cannot be modified other than with the free consent of the two spouses, given before a notary.

Name of the husband

His signature   place and date.................

Name of the wife

Her signature   place and date.................

Name and address of the 1st witness

Signature   place and date.................

Name and address of the 2nd witness

Signature   place and date.................

Name and address of the notary

Signature   place and date.................

P.S.: In the event that the spouses decide to proceed with a Muslim religious ceremony after the civil ceremony or to conclude a religious or consular marriage abroad, it will be indispensable to expressly mention in the document which evidences that ceremony or marriage:

-   that this premarital contract signed by the two spouses before a notary is an integral part of their agreement to marry, and
-   that in case of any discrepancy between the two, the present contract shall have priority over the document executed by the religious or consular authority.

Modelo de Contrato de casamiento

Este modelo de contrato debería ser llenado por separado por los dos futuros cónyuges que procederán luego a la comparación de sus respuestas. El texto final, aceptado por los dos, debe estar firmado delante de un escribano quien guardará una copia del ejemplar. Tache o modifique los pasajes que no convienen.

1) Celebración del casamiento

Luego de reflexión madura, los que suscriben

Sr.............................   nacido el ....

de nacionalidad .... de religión ....

Estado civil (soltero, divorciado, viudo)

y

Sra............................ nacida el ....

de nacionalidad .... de religión ....

Estado civil (soltero, divorciado, viudo)

han convenido lo que sigue:

El casamiento tiene lugar

En Suiza delante del estado civil ....

en el extranjero (nombre del país) .... delante de ....

El casamiento civil es seguido de una ceremonia religiosa (especificar) ....

ó

El casamiento civil no es seguido de una ceremonia religiosa

Su domicilio común será (nombrar el país) ....

La mujer conservará la nacionalidad suiza

Conserva su apellido de soltera (ó) adopta el apellido del marido.

2) Libertad religiosa de los esposos

Cada uno de los esposos pretende conservar su religión y se compromete a respetar la libertad de religión y de culto del otro, incluido el derecho de cambiar de religión.

El marido y la mujer se comprometen a no imponerse normas relativas al alimento.

3) Fidelidad y monogamia

El marido y la mujer se deben ayuda y fidelidad. Ellos confirman que no están casados en el momento del casamiento. Cada cual se compromete a no casarse con otra persona mientras este matrimonio esté en vigencia. En caso de falsa declaración o de violación del compromiso mencionado, cada uno de los esposos adquiere el derecho de solicitar el divorcio por esta razón.

4) Hijos

El marido y la mujer afirman someterse al examen prenupcial y estar al corriente de esos resultados.

Los hijos serán de religión ....

Se educarán en esta religión. Tendrán el beneficio de la libertad religiosa a partir de los 16 años de edad, incluso el derecho de cambiar de religión, sin ninguna traba de parte de sus padres o de las respectivas familias, conforme el artículo 303, alinea 3 el Código civil suizo.

Los niños llevarán nombres europeos, cristianos, musulmanes, árabes, neutros. La elección del nombre será de común acuerdo de los padres (eventualmente, indicar ya los nombres)

Los niños serán bautizados a la edad de ....

Escogerán libremente ser circuncidados o escindidos a la edad de 18 años, si así lo desean.

Los niños serán escolarizados en escuelas públicas, musulmanas, cristianas, judías.

Los niños estarán inscriptos en el pasaporte de su madre.

5) Relaciones económicas

El marido y la mujer contribuyen sobre la base de la igualdad, según sus medios, en los gastos del hogar y la educación de los niños. Deciden conjuntamente los asuntos de la pareja.

El régimen matrimonial está sometido al derecho suizo. El marido y la mujer optan por el régimen (nombrarlo) ....

6) Normas de vestimentas, trabajo y viaje

El marido y la mujer se comprometen a no imponerse mutuamente, ni a sus niños, normas islámicas de vestimenta, de vida social o de educación escolar y deportiva.

La mujer decide por sí misma su trabajo. No necesita autorización del marido para sus viajes, ni para la obtención de los permisos de viajes para ella misma y para sus hijos.

7) Disolución del casamiento por divorcio o muerte

El marido y la mujer se comprometen a arreglar sus conflictos de manera amigable. En caso de que uno de los dos desee poner fin al matrimonio, se compromete a hacerlo delante del juez y a no usar la repudiación.

Si el marido o ambos cónyuges viven en un país que permite al marido repudiar a su mujer, el marido le concede a la mujer el mismo derecho, sobre él.

En caso de divorcio, la atribución de los niños se hará según la ley suiza y sobre la decisión del juez suizo. Si los niños se los dan a la madre, el padre se compromete a respetar esta decisión y a no quitárselos por razones religiosas, sea cual fuere su lugar de residencia. En caso de muerte de uno de los cónyuges, los niños serán atribuidos al cónyuge sobreviviente.

El reparto de bienes y obligaciones alimentarias entre los esposos estarán arreglados según el derecho suizo, incluso si el marido o los dos esposos residen en un país musulmán.

En todos los casos, los bienes adquiridos durante el casamiento serán considerados como propiedad común de los dos y serán repartidos en partes iguales.

8) Sucesiones

El marido y la mujer someten su sucesión al derecho suizo. Rechazan toda restricción de heredar, basada en el sexo o la religión. En caso de que la sucesión se abran en el extranjero, y que el juez extranjero rechace aplicar el derecho suizo, cada cónyuge reconoce, de antemano, al cónyuge sobreviviente el derecho a un tercio de su herencia neta, luego de la liquidación del régimen matrimonial.

9) Muerte y funerales

Mencionar aquí el acuerdo al que llegan los cónyuges concerniente a los funerales: entierro en el cementerio laico, entierro en un cementerio religioso, repatriación de los restos al país de origen, inhumación, etc.

10) Modificación del presente contrato

El marido y la mujer se comprometen con respetar las cláusulas de este contrato de buena fe. EL presente contrato no puede ser modificado que con el consentimiento libre de ambos cónyuges, delante de escribano.

Nombre del marido

Firma   lugar y fecha ....

Nombre de la esposa

Firma   lugar y fecha ....

1er testigo y dirección ....

Firma   lugar y fecha ....

2do testigo y dirección ....

Firma   lugar y fecha ....

Escribano y dirección ....

Firma   lugar y fecha ....

PS. En caso de que los esposos decidan proceder a una ceremonia religiosa musulmana en Suiza, luego del casamiento civil o de concluir el casamiento religioso o consular en el extranjero, es indispensable mencionar expresamente en el documento establecido, luego de la ceremonia del matrimonio:

- que el contrato de casamiento firmado ante escribano pos ambos cónyuges forma parte de él y

- que en caso de contradicción entre ambos, el presente contrato lo conlleva sobre el documento establecido por la autoridad religiosa o consular.

نموذج عقد زواج

على الطرفين تعبئة هذا النموذج كل من جهته ثم مقارنة أجوبتهما. كما يجب إمضاء النص النهائي المتفق عليه من الطرفين أمام كاتب عدل الذي يحتفظ بنسخة منه. الرجاء شطب أو تغيير ما هو غير ملائم.

1) مراسيم الزواج

بعد تفكير ناضج قرر الموقعان

السيد .... المولود في ....

جنسيته.............. ديانته...............

الحالة المدنية (أعزب، مطلق، أرمل)

و

السيدة .... المولودة في ....

جنسيتها .... ديانتها ....

الحالة المدنية (عزباء، مطلقة، أرملة)

ما يلي

تتم مراسيم الزواج في

سويسرا أمام مكتب الحالة المدنية.............

في الخارج (ذكر البلد).............أمام ....

سوف تتبع مراسيم الزواج المدني مراسيم دينية (ذكر نوعية المراسيم).............

أو

لن تتبع مراسيم الزواج المدني مراسيم دينية.

سوف يكون مسكنهما المشترك في (ذكر البلد) ....

تحتفظ الزوجة بجنسيتها السويسرية.

تحتفظ الزوجة باسمها العائلي، (أو) تأخذ اسم زوجها العائلي.

2) الحرية الدينية للزوجين

يحتفظ كل من الزوجين بديانته ويتعهد باحترام ديانة الطرف الآخر وحقه في العبادة، بما في ذلك الحق في تغيير ديانته.

يتعهد كل من الزوجين بعدم فرض عاداته الغذائية على الطرف الآخر.

3) الأمانة وعدم تعدد الزوجات

يتعهد كل من الزوجين التعاون والأمانة نحو الطرف الآخر. ويقران بأنهما غير مرتبطين بزواج آخر وقت مراسيم الزواج. ويتعهد كل منهما بعدم عقد زواج آخر ما دام هذا الزواج قائم. في حال إقرار كاذب أو عدم احترام هذا التعهد، لكل من الزوجين الحق في طلب الطلاق لهذا السبب.

4) الأولاد

يقر كل من الزوجين بأنهما قاما بالفحوصات الطبية قبل الزواج وأنهما أطلعا الطرف الآخر على نتائج هذه الفحوصات.

ينتمي الأولاد للديانة.............

سوف يتم تربية أولادهما وفقاً لهذه الديانة ويتمتع الأولاد بالحرية الدينية عند بلوغهم سن السادسة عشرة، بما في ذلك حق تغيير ديانتهم، دون أي ضغط من طرف الوالدين أو عائلتيهما، وذلك وفقاً للفقرة الثالثة من المادة 303 من القانون المدني السويسري.

يحمل الأطفال أسماء أوروبية، مسيحية، إسلامية، عربية، محايدة. يتم اختيار الأسماء بموافقة الوالدين (ذكر بعض الأسماء للبنين والبنات).

سوف يتم تعميد الأولاد في سن ....

يختار الأولاد بكل حرية الختان عند بلوغهم سن الثامنة عشرة إذا أرادوا ذلك.

يلتحق الأولاد بالمدارس العامة، الإسلامية، المسيحية، اليهودية.

يتم تسجيل الأولاد في جواز الأم.

لن يعترض الطرف المسلم على زواج بناته من غير مسلمين.

5) العلاقات المالية

يشارك كل من الزوجين على قدم المساواة ووفقاً لإمكانيات كل منهما في مصارف البيت وتربية الأولاد. ويتخذان معاً القرارات بخصوص شئونهما.

يخضع النظام المالي للقانون السويسري. ويختار الزوجان نظام (ذكر النظام المالي)..............

6) نظام الملابس والعمل والسفر

يتعهد كل من الزوجين بعدم فرض نظام الملابس الإسلامية على بعضهما أو على أولادهما أو النظام الاجتماعي الإسلامي بخصوص تربية الأولاد أو الرياضة.

تقرر الزوجة بنفسها مجال عملها ولا تحتاج إلى إذن زوجها للسفر أو للحصول على وثائق السفر أو الوثائق الشخصية فيما يخصها ويخص أولادها.

7) انحلال الزواج من خلال الطلاق أو الوفاة

يتعهد كل من الزوجين حل مشاكلهما بالوسائل الودية. وإذا أراد أحد الزوجين إنهاء الزواج فإنه يتعهد القيام بذلك أمام المحكمة وليس بواسطة نظام الطلاق الإسلامي.

إذا كان الزوج أو كل من الزوجين في بلد يسمح للزوج تطليق زوجته بواسطة نظام الطلاق الإسلامي، فإن الزوج يقر لزوجته بحق تطليقه بنفس الشروط التي تنطبق عليه.

في حالة الطلاق، يتم تقرير منح الأولاد وفقاً للقانون السويسري ووفقاً لقرار المحكمة السويسرية. وإذا تم منح الأولاد للأم، يتعهد الزوج باحترام هذا القرار وعدم حرمانها من أطفالها مهما كان مكان إقامتهما. وفي حالة وفاة أحد الزوجين، يمنح الأولاد للزوج الآخر.

يتم تقسيم الأموال وواجبات الإعالة بين الزوجين وفقاً للقانون السويسري حتى وإن كانت إقامة الزوج أو الزوجين في بلد مسلم.

في حال عدم الاتفاق على عكس ذلك، تعتبر الأموال التي أكتسبها الزوجان خلال الزوجية ملكاً مشتركاً لهما ويتم تقسيمها بالتساوي.

8) الميراث

يخضع ميراث الزوج والزوجة للقانون السويسري ويرفضان كل انتقاص في الإرث بسبب الدين أو الجنس. وإذا تم فتح الميراث خارج سويسرا، كاملاً أو جزئياً، ورفضت المحكمة تطبيق القانون السويسري، فإن كل من الزوجين يقر للزوج الآخر بثلث ميراثه بعد تصفية النظام المالي.

9) الوفاة والدفن

أذكر هنا اتفاق الزوجين بخصوص الدفن: في مقبرة علمانية، في مقبرة دينية، نقل الجثة لبلد الأصل، الحرق، الخ.

10) تعديل هذا العقد

يتعهد كل من الزوجين احترام ما جاء في هذا العقد بحسن نية. ولا يمكن تغيير هذا العقد إلا بموافقة الزوجين وبصورة حرة أمام كاتب عدل.

اسم الزوج

إمضاؤه   المكان والتاريخ..............

اسم الزوجة

إمضاؤها   المكان والتاريخ..............

اسم الشاهد الأول

إمضاؤه   المكان والتاريخ..............

اسم الشاهد الثاني

إمضاؤه   المكان والتاريخ................

اسم كاتب العدل

إمضاؤه   المكان والتاريخ................

ملاحظة هامة: إذا قرر الزوجان القيام بمراسيم دينية إسلامية في سويسرا بعد المراسيم المدنية أو عقد زواج ديني أو قنصلي في الخارج، لا بد من التوضيح في الوثيقة التي يتم وضعها بعد تلك المراسيم أو ذاك الزواج:

- بأن عقد الزواج الذي تم التوقيع عليه أمام كاتب العدل هو جزء لا يتجزأ من تلك الوثيقة.

- وأنه في حالة تناقض بين الوثيقة وهذا العقد فإن لهذا العقد الأولوية على الوثيقة التي تم وضعها أمام السلطة الدينية أو القنصلية.

Indirizzi di organismi da consultare

L'articolo 171 del Codice civile svizzero dice: "Cantoni provvedono affinché, in caso di difficoltà matrimoniali, i coniugi possano rivolgersi, insieme o separatamente, a consultori matrimoniali o familiari".

Diamo una lista indicativa d'Organismi che possono essere consultati (indirizzi, numeri di telefono e di fax, sono soggetti a modifica), non soltanto quando la coppia ha delle difficoltà durante il matrimonio, ma anche prima del matrimonio. Per quanto concerne le questioni religiose, è anche possibile informarsi presso i centri di preparazione al matrimonio delle parrocchie delle coppie in questione. Queste parrocchie prevedono talvolta degli incontri di preparazione al matrimonio. Gli interessati possono anche rivolgersi alla Fondazione culturale musulmana (Ch. Colladon 34, Petit-Saconnex, 1209 Genève, telefono 022/798.37.11, fax 022/798.49.38) per ottenere l'indirizzo del Centro musulmano più vicino al loro luogo di residenza.

Alcuni di questi Organismi sono associati a delle Chiese; altri sono laici. Alcuni prevedono il pagamento di un onorario o una partecipazione finanziaria, altri assistono gratuitamente. Ma in ogni caso, avere un buon consiglio -anche se pagato-, vale di più che avere un problema difficilmente risolvibile. Gli interessati possono indirizzarsi al Centro di diritto arabo e musulmano (www.sami-aldeeb.com) per maggiori ragguagli in merito al paese del partner musulmano.

- Basilea: Beratungsstelle für Frauen der Evang.-ref. Kirche, Maiengasse 64, 4009 Basilea, tel. 061/3828729.
- Basilea: Beratungsstelle für Frauen, Kath. Frauenbund, Birmannsgasse 34, 4055 Basilea, tel. 061/2723539.
- Basilea: COMPAGNA Sektion Basel-Stadt. Beratungsstelle für Binationale Paare und Familien, Steinengraben 69, 4051 Basilea, tel. 061/2713349.
- Basilea: IG Binational, Verein binationaler Partnerschaften und Familien, Postfach, 8021 Zurigo, 01/3226777.
- Basilea: IRAS, Heidi Rudolf, St-Katharinawerk, Holeestr. 123, 4054 Basilea, tel. 061/3072250.
- Bellinzona: Consultorio familiare, Viale Motta 3a, 6500 Bellinzona, tel. 091/8262144.
- Berna: Auskunftsstelle "Ehen mit Ausländern", Beratungstelle frabina, Schweizerischer Evangelischer Verband Frauenhilfe, Sektion Bern, Laupenstrasse 2, 3008 Berna, tel. 031/3812701.
- Berna: Commission fédérale des étrangers, Monbijoustrasse 49, 3003 Berna, tel. 031/3259116.
- Berna: IG Binational, Verein binationaler Partnerschaften und Familien, Postfach, 8021 Zurigo, tel. 01/3226777.

- Berna: Schweizerische Stiftung Zämeläbe, Waffenweg 15, 3014 Berna, tel. 031/3301010.
- Berna: Secrétariat des Suisses de l'étranger, Alpenstrasse 26, 3000 Berna 16, tel. 031/3516100.
- Bex: Consultations conjugales Profa, av. de la Gare 14, 1880 Bex, tel. 021/4630363.
- Chaux-de-Fonds: Centre social protestant, Consultation conjugale, juridique et sociale, Rue du Temple-Allemand 23, 2300 Chaux-de-Fonds, tel. 032/9683731.
- Chaux-de-Fonds: Service de consultations conjugales, Rue du Collège 9, 2300 Chaux-de-Fonds, tel. 032/9197519.
- Chavannes: Centre de préparation au mariage, M. et Mme Claude et Anne-Marie Médico, Rue centrale 30, 1022 Chavannes, tel. 021/6346230.
- Delémont: Service de consultation conjugale et familiale de l'Eglise catholique, Ch. de Bellevoie 8, 2800 Delémont, tel. 032/4225429.
- Echarlens: Centre de préparation au mariage, M. l'Abbé Gaston Thiémard, Au village, 1646 Echarlens, tel. 026/9152078.
- Friburgo: Service de consultation conjugale, R. Romont 14, 1700 Friburgo, tel. 026/3225477.
- Ginevra: Centre d'information familiale et de régulation des naissances (CI-FERN), 47 Boulevard de la Cluse, 1205 Ginevra, tel. 022/3210191, fax 022/3210221.
- Ginevra: Centre social protestant, consultation conjugale, familiale, juridique et sociale, 14 Rue du Village-Suisse, 1211 Ginevra 8, tel. 022/8070700, fax 022/8070701.
- Ginevra: Couple et famille: Consultation au service du couple et de la famille, 12 Adrien Lachenal, 1207 Ginevra, tel. 022/7361455, fax 022/7360821.
- Ginevra: Ecole des parents, Rue de la Servette 91, 1202 Ginevra, tel. 022/7331200.
- Ginevra: F-Information: dialogue, orientation, documentation pour les femmes et leur famille, Rue de la Servette 19, Case postale 125, 1211 Ginevra 7, tel. 022/7403100, fax 022/7403144.
- Ginevra: Fondation suisse du Service social international, Branche suisse, Rue Alfred-Vincent 10, 1201 Ginevra, tel. 022/7316700, fax 022/7316765.
- Ginevra: Office protestant de consultation conjugale et familiale, 10 R. de la Madeleine, 1204 Ginevra, tel. 022/3118211, fax 022/3122979.
- Grigione: IG Binational, Verein binationaler Partnerschaften und Familien, Postfach, 8021 Zurigo, 01/3226777.
- Langnau: IG Binational, Verein binationaler Partnerschaften und Familien, Postfach, 8021 Zurigo, 01/3226777.

- Losanna: Appartenances, chemin des Terreaux, C.P. 52, 1000 Losanna 9, tel. 021/3411250, fax 021/3411252.
- Losanna: Bureau Information Femmes, Av. Eglantine 6, Losanna, tel. 021/3200404.
- Losanna: Caritas Vaud, Secrétariat et service social, rue Dr César-Roux 8, Case postale 237, 1000 Losanna 17, tel. 021/3203461, fax 021/3203401.
- Losanna: Centre social protestant, Consultation conjugale, juridique et sociale, Rue Beau-Séjour 28, 1003 Losanna, tel. 021/3205681.
- Losanna: Institut suisse de droit comparé, Dorigny, 1015 Losanna, tel. 021/6924911, fax 021/6924949.
- Losanna: Profa, consultation conjugale, Av. Georgette 1, 1005 Losanna, tel. 021/3122458, fax 021/3122654.
- Locarno: Centro studi coppia & famiglia, Via S. Francesco 4, 6600 Locarno, tel. 091/7522928.
- Lucerna: Migratio Kommission der Schweizer Bischofskonferenz, Neustadtstr. 7, 6003 Lucerna, tel. 041/2100347.
- Lugano: Comunità familiare, Via Trevano 13, 6900 Lugano, tel. 091/9233094.
- Martigny: Centre SIPE, consultation conjugale, planning familial, centre de grossesse, éducation sexuelle, Avenue de la Gare 38, 1920 Martigny, tel. 027/7228717.
- Mendrisio-Borgo: Centro coppia & familia, Palazzo Pollini, 6850 Mendrisio-Borgo, tel. 091/6460414.
- Le Mont-Pélerin: Centres de préparation au mariage de la suisse romande, M. et Mme Françoise et Walter Coninckx, route de Baumaroche 38A, 1801 Le Mont-Pélerin.
- Monthey: Consultation conjugale, Centre SIPE, rue du Fay 2B, 1870 Monthey, tel. 024/ 471 00 13, fax 024/4710014.
- Montreux: Administration communale de Montreux, consultation conjugale, Avenue des Alpes 18, 1820 Montreux, tel. 021/9627830.
- Morges: Consultations conjugales Profa, Rue Couvaloup 10, 1110 Morges, tel. 021/8033838.
- Moutier: Centre social protestant Berna-Jura, Consultation conjugale, juridique, sociale et familiale, Rue centrale 59, 2740 Moutier, tel. 032/4933221.
- Neuchâtel: Centre social protestant, Rue des Parcs 11, 2000 Neuchâtel, tel. 032/7251155.
- Neuchâtel: Service de consultations conjugales, rue Pourtalès 1, 2000 Neuchâtel, tel. 032/919 75 19.
- Nyon: Consultations conjugales Profa, Rue Juste-Olivier 7, 1260 Nyon, tel. 022/3621474.

- Payerne: Eglise Evangélique Réformée, Maison de paroisse, Consultation conjugale, juridique et sociale, Rue des Rammes 11, 1530 Payerne, tel. 026/6601530.
- Porrentruy: Service de consultation conjugale et familiale de l'Eglise catholique, Rue Thurmann 6, 2800 Porrentruy, tel. 032/4225429.
- Saignelégier: Service de consultation conjugale et familiale de l'Eglise catholique, Rue de la Gruyère 6, 2350 Saignelégier, tel. 032/4225429.
- Sierre: Centre SIPE, consultation conjugale et planning familial, Place de la gare 10, 3960 Sierre, tel. 027/4565453.
- Sion: Centre SIPE, consultation conjugale et planning familial, Rue des Remparts 6, 1950 Sion, tel. 027/3229244.
- San Gallo: Auskunftsstelle "Ehen mit Ausländern", Beratungsstelle und Sozialdienst für Frauen und Familien, Frongartenstrasse 16, 9000 San Gallo, 071/2280980.
- San Gallo: IG Binational, Verein binationaler Partnerschaften und Familien, Postfach, 8021 Zurigo, 01/3226777.
- Tavannes: Service de consultation conjugale et familiale de l'Église catholique, Rue de Tramelan 10, 2710 Tavannes, tel. 032/4812380.
- Vevey: Pro Familia, consultation conjugale, Centre Panorama, Rue du Clos 9, 1800 Vevey, tel. 021/9255319.
- Yverdon: Centre social régional Yverdon-Grandson, Consultation conjugale, juridique et sociale, 1400 Yverdon, tel. 024/4236900.
- Zurigo: Auskunftsstelle "Ehen mit Ausländern", Abteilung des Kirchlichen Sozialdienstes, Klosbachstrasse 51, 8032 Zurigo, tel. 01/2685010.
- Zurigo: FIZ Fraueninformationszentrum, Badenerstr. 134, 8004 Zurigo, tel. 01/2404422, fax 01/2404423.
- Zurigo: IG Binational, Verein binationaler Partnerschaften und Familien, Postfach, 8021 Zurigo, 01/3226777.

Bibliografia succinta

- Aldeeb Abu-Sahlieh, Sami A.: Les musulmans en Occident entre droits et devoirs, L'Harmattan, Parigi, 2002, 296 pagine.
- Aldeeb Abu-Sahlieh, Sami A.: Les musulmans face aux droits de l'Homme (religion, droit et politique), Winkler, P.O.B: 102665, 44726 Bochum, Germania, 1994, 610 pagine.
- Aldeeb Sami e Bonomi Andrea: Le droit musulman de la famille et des successions à l'épreuve des ordres juridiques occidentaux, Schulthess, Zurigo, 1999, 353 pagine.
- Angehrn, Thomas e Weibel, Werner: Christlich-islamische Partnerschafter, Pastorale Handreichung der katholischen Kirche in der Schweiz, in Zusammenarbeit mit der Arbeitsgruppe Muslime der SKAF, Lucerna, 1999, 75 pagine.
- Angehrn, Thomas e Werner WEibel: Mariages islamo-chrétiens – Guide pastorale de l'Église catholique en Suisse, edizione romanda di Alain René Arbez, in collaborazione con il gruppo di lavoro "Musulmani" della SKAF di Lucerna, Lucerna, 1999, 70 pagine.
- Barbara A.: Mariages sans frontières, Centurion, Paris, 1985, 278 pagine.
- Billy, G.: Le couple mixte, 1986, Carcassone, presso l'autore, 17 rue de la Lorraine, 11000 Carcassonne.
- CEC & CCEE: Mariages entre chrétiens et musulmans – orientations pour les églises et les chrétiens en Europe, El Kalima, Bruxelles, 27.5.1997, 43 pagine.
- Commissione federale degli stranieri: Mariages binationaux, 3003 Berna, 1998.
- Commissione federale degli stranieri: Matimoni misti, 3003 Berna, 1998.
- Couples islamo-chrétiens: Promesse ou impasse, Editions du Soc, Losanna, 107 pagine.
- Dejeux, J.: Image de l'étrangère – Unions mixtes franco-maghrébines, La Boîte à Documents, Parigi, 1989, 312 pagine.
- Dossier marriages islamo-chrétiens, Accueil-Rencontre N° 118, 1988, C.P.M., Parigi.
- Eidgenössische Ausländerkommission: Binationale Ehen, 3003 Berna, 1998.
- Guide pastoral des mariages islamo-chrétiens, Centre d'oecuménisme, Montréal, 2001, 106 pagine.
- Manaf, Abdelouahed: Problèmes du couple mixte face au droit et à la société, cas franco-marocain, Casablanca, 1990, 215 pagine.
- Muller, M.: Couscous pommes frites – Le couple franco-maghrébin d'hier à aujourd'hui, Rebours, Ramsay, Parigi, 1987, 255 pagine.
- Muslime und schweizerische Rechtsordung / Les musulmans et l'ordre juridique suisse, Editions universitaires de Friburgo, Friburgo (Svizzera), 2002, 650 pagine.

- Musulmans en Suisse / Musulmani in Svizzera, Tangram, n° 7, 1999, 126 pagine.
- Pastoral guidelines from Muslim-Christian marriages, Center for ecumenism, Montéal, 2001, 106 pagine
- SRI: Dossier – Les mariages islamo-chrétiens (3° versione).
- Streiff-Fenart, Jocelyne: Les couple franco-maghrébins en France, L'Harmattan, Parigi, 1989, 155 pagine.

www.ingramcontent.com/pod-product-compliance
Lightning Source LLC
Chambersburg PA
CBHW081225170526
45165CB00009B/2962

* 9 7 8 1 4 8 1 0 6 0 5 9 2 *